Apocalipsis

José Young

Ediciones Crecimiento Cristiano

Diseño de Tapa: Ana Ruth Santacrus
©**Ediciones Crecimiento Cristiano**
Córdoba 419
5903 Villa Nueva, Cba.
Argentina

oficina@edicionescc.com
www.edicionescc.com

Ediciones Crecimiento Cristiano se dedica a
la enseñanza del mensaje evangélico
por medio de la literatura.

Primera edición: 11/2000

I.S.B.N. 950-9596-78-7

IMPRESO EN ARGENTINA

VE9

Introducción

Para la mayoría de las personas, el libro de Apocalipsis es un enigma. Se sienten atraídos por el tema de la profecía, y esperan tener una vislumbre del porvenir. Pero a la vez sienten confusión por su lenguaje "apocalíptico", sus figuras y sus cuadros de seres y eventos difíciles de interpretar.

El intento de este cuaderno es dar un panorama del mensaje de Apocalipsis. No vamos a analizar todos los detalles, ni tampoco aclarar todos los misterios. Sin embargo, el mensaje principal del libro no es oscuro, y es un mensaje apropiado y necesario para la iglesia de hoy.

Al final de cada capítulo he agregado algunas notas para aclarar detalles que pueden ser de interés.

El personaje principal del libro es Dios y su actuación en la historia. El contexto es un mundo rebelde, que rehusa someterse a su Creador. El final es inevitable:

> El *reino del mundo es ya de nuestro Señor y de su Mesías, y reinarán por todos los siglos*. (Aapocalipsis 11.15)

Quiero reconocer el aporte de un manuscrito amplio no publicado sobre Apocalipsis escrito por Rogelio Castillo.

Herramientas

Recomiendo que tenga disponible los siguientes elementos para poder estudiar adecuadamente esta guía:

- ✓ Un diccionario bíblico.
- ✓ Una concordancia de la Biblia (Una librería cristiana ha de tener la "Concordancia Breve", que es una herramienta muy útil en el estudio bíblico y no costosa).
- ✓ Varias versiones de la Biblia.

La guía se basa principalmente en la versión Reina-Valera de la Biblia (Sociedades Bíblicas Unidas, año 1995), y su abreviatura es RV. También he de citar cada tanto las siguientes traducciones:

BE - la Biblia de Estudio de las Sociedad Biblicas Unidas, año 1990.
NBE - La Nueva Biblia Española.
BJ - La Biblia de Jerusalén.

Indice   página

La interpretación de Apocalipsis

Este libro ha sido "víctima" de una variedad interminable de interpretaciones. Y no hay duda de que las conclusiones que uno puede sacar de él depende de los "lentes" que utiliza para verlo, es decir, su esquema de interpretación o lo que presupone.

Propongo que Juan mismo nos indique qué clase de libro es, y lo más seguro es seguir sus indicaciones.

Primero, es una *carta*. Jesús mismo mandó a Juan a escribirla (1.11). Tiene el prólogo y saludo como tenían las cartas de aquella época. Es una carta a un grupo de iglesias en un momento particular de la historia. Pero a la vez tiene siete "introducciones" particulares, una para cada iglesia, según sus circunstancias (cartas a las siete iglesias). Y el desafío para cada iglesia es "vencer", según su situación en particular y frente a lo que, según el libro de Apocalipsis, estaba por ocurrir.

Segundo, es una **profecía**. Juan escribe lo que "es", y lo que "ha de ser" (1.19), como hacían los profetas del Antiguo Testamento. Sus visiones vienen directamente de Dios, y aun en varias ocasiones Dios mismo habla (como en 1.8).

Y como profecía, mucho de lo que encontramos en este libro ya fue revelado parcialmente a los primeros profetas. No ha de sorprendernos que haya una continuidad, una cohesión, entre las figuras del Antiguo Testamento y las de Apocalipsis.

Tercero, es un **apocalipsis**. Los eruditos utilizan este término para describir una forma de literatura que gira mayormente alrededor de visiones, eventos sobrenaturales, figuras simbólicas.

Juan escribe a las iglesias acerca del futuro, pero lo hace desde la perspectiva del mundo espiritual, del reino de Dios. También como *apocalipsis*, el libro nos revela sus verdades en figuras. Y es justamente este aspecto del libro que crea más confusión. Las figuras representan "algo", y ese "algo" pocas veces es obvio.

Al proceder con el estudio del libro hemos de ver estos tres aspectos entretejidos para formar un tapiz impresionante de la obra de nuestro Dios en su creación.

"Mi" interpretación de Apocalipsis

Obviamente, todo lo que uno puede escribir sobre este libro refleja su propia experiencia, su propia perspectiva. He estudiado el libro, he consultado 10 diferentes comentarios bíblicos sobre él, y el resultado es, por supuesto, "mío". Escribo desde mi propia comprensión de la Palabra de Dios.

Digo esto porque también, "obviamente", usted y yo no hemos de estar de acuerdo en todo, tal como los 10 comentarios bíblicos que consulté no están de acuerdo en todo.

Lo que pido, entonces, es que tenga paciencia con mi planteo hasta que haya terminado el estudio. Creo que es coherente, y le dará una manera (entre varias posibles) de interpretar este libro difícil. Si no está de acuerdo, no me ofende, y seguramente todo ha de aclararse cuanto estemos juntos frente a ese trono blanco.

José Young

Apocalipsis
Primera división principal
Capítulos 1-3

Estos tres primeros capítulos preparan el terreno para todo lo que sigue. Juan se introduce a sí mismo y al Señor de la revelación. Y con las cartas a las siete iglesias trata de "lo que ahora hay" (1.19), es decir, del tiempo en que vivía Juan. Y es importante notar que la visión de Juan, hasta el capítulo 4, está limitada a cosas que ocurren aquí en la tierra. Recién en ese capítulo vemos las primeras escenas en el cielo.

1

Apocalipsis

Capítulo 1.1-8

Lo urgente, antes de seguir con este estudio, es leer Apocalipsis. Todo el libro. Y tal vez para facilitarlo, esta primera lectura puede ser en la BE (Biblia de Estudio) u otra versión moderna.

En base a esta primera lectura, vamos a tratar de dibujar un vistazo global del libro.

1/ Para las siguientes divisiones, haga un resumen de su contenido de no más de 20 palabras:

Capítulos

1-3

4-7

8-11

12-14

15-16

17-19

20-22

2/ Haga lo mismo con estas dos divisiones principales
<u>Capítulos</u>
1-11

12-22

La introducción (vv. 1-8)

La primera palabra del libro (en el original y la RV) es "apocalipsis", palabra que quiere decir "revelación". Es decir, el libro de Apocalipsis es una revelación divina.

3/ Según los primeros versículos del pasaje que estamos estudiando, ¿cómo llega esta revelación a nosotros?

Juan aclara desde el principio que ésta no es *su* revelación, a pesar del título que los traductores pusieron al libro. El simplemente escribió de la mejor manera posible lo que vio y escuchó (v. 2).

Bienaventurados ("dichosos", BE), dice Juan, los que leen, los que escuchan y los que hacen caso del libro (ver nota 3). Hay que recordar que casi nadie tenía una copia de la carta, y como era necesario en aquel tiempo, se leían las cartas y las Escrituras en las reuniones de la iglesia.

Y Juan dice que son bienaventurados porque "ya se acerca el tiempo". En general, los profetas no tomaban en cuenta el tiempo; todo el futuro era "ya". En este caso, Juan recibe una revelación de cosas que ya iban a suceder a las iglesias.

Escribe a un grupo particular de iglesias, y como era la costumbre en aquel tiempo, comienza con una bendición: "Gracia y paz..." (v. 4).

4/ Lo llamativo es el origen de la bendición. Viene de parte de:

  1-

  2-

  3-

La expresión "el que es y que era y que ha de venir" aparece solamente en Apocalipsis, pero parece aludir al nombre de Dios en Éxodo 3.14, 15. El mismo título se repite cuatro veces más en Apocalipsis.

La segunda expresión, "los siete espíritus que están delante de su trono" es más difícil. No hay una clara referencia bíblica a qué se refiere, y la expresión se encuentra solamente en Apocalipsis (4 veces).

De las posibles interpretaciones que mencionan los comentaristas, la más probable es que la expresión se refiere de alguna manera especial al Espíritu de Dios. No ha de referirse a ningún ser creado, ya que es origen de la bendición. Y ha de ser el Espíritu que acompaña al Padre y al Hijo en dar la bendición. (Ver nota 1)

La bendición también viene de parte de Jesucristo, y Juan nos pinta un amplio cuadro de su persona.

5/ Haga una lista de los atributos, o características de Jesús que Juan afirma, y para cada una, busque por lo menos un pasaje del Nuevo Testamento que nos habla de ese atributo. Hay por lo menos siete. (Ver nota 2)

Atributo   **Pasaje del NT**

El v. 7 nos hace recordar de pasajes como Daniel 7.13 y Hechos 1.9, 11.

6/ Pero ¿por que dice que habrá *lamento* con el regreso del Señor?

El v. 8 es uno de los dos pasajes en Apocalipsis donde Dios mismo habla (el otro es 21.5).

7/ Explique las implicaciones del título "Alfa y Omega". Es más que simplemente "principio y fin".

Como hemos de ver, Juan escribe a iglesias que vivían bajo la sombra negra de la persecución. Pero "el Soberano de los reyes de la tierra" y "el Todopoderoso" les envía un mensaje. Los advierte... y los anima.

"Dichoso el que lee y dichosos los que escuchan la lectura de este mensaje profético, y hacen caso de lo que aquí está escrito, porque ya se acerca el tiempo." (v.3)

Notas

1 - *"Siete espíritus"*. El único pasaje que sugiere la posibilidad de un "Espíritu múltiple" es Is 11.2, 3. Algunos piensan que han de ser siete ángeles de alto privilegio delante del trono de Dios (3.1; 4.5; 5.6). ¡Pero una bendición no ha de venir de parte del Padre, del Hijo y de siete ángeles!

2 - Vv. 5 y 6 - Hay unas diferencias importantes entre la versión Reina-Valera y las versiones más modernas en los vv. 5 y 6. Utilizamos la BE como ejemplo:

RV	BE
nos ha lavado... con su sangre	nos ha librado... derramando su sangre
nos hizo reyes	ha hecho de nosotros un reino

Es que la RV se basó en sólo unos pocos manuscritos, y en los años posteriores han encontrado muchos otros, y algunos de ellos más antiguos. Una buena parte de las diferencias que vemos entre la RV y las traducciones modernas se debe a diferencias en los manuscritos griegos originales.

3 - *"Bienaventurados, dichosos"*. Esta es la primera de siete "bienaventuranzas" en el libro (1.3; 14.13; 16.15; 19.9; 20.6; 22.7, 14)

2

Apocalipsis

Capítulo 1.9-20

Con este pasaje tenemos el relato de la primera visión de Juan, donde Juan se encuentra con el mismo Señor. Pero primeramente Juan explica su propia situación. Había sido tomado preso y exilado a la isla Patmos, víctima de la persecución que ya venía sobre las iglesias. (Ver nota 1)

1/ Note que dice "estando yo en el Espíritu..." Busque esta expresión en otras versiones. ¿Qué quiere decir Juan?

Hay tres aspectos de esta visión que vamos a considerar: el personaje, lo que dijo y el contexto.

Al leer esta descripción de Juan, vemos claramente que el personaje es el mismo Jesús glorificado (por ejemplo, el v. 18) (ver nota 2). Y a la vez encontramos elementos descriptivos que aparecieron anteriormente en las profecías del Antiguo Testamento. No debe sorprendernos que mucho de lo que hemos de ver en Apocalipsis parece un eco de antiguas visiones y profecías. Si los dos testamentos describen una sola realidad, entonces es claro que habrá duplicación en la manera en que explican esa realidad.

2/ En cuanto a Jesús, describa en sus propias palabras como es:

a/ su apariencia (ver también Daniel 7.13; 10.5, 6).

b/ su ropa (ver también Daniel 10.5) (ver nota 3).

c/ su voz (ver Ezequiel 43.2).

Es llamativo que Juan era el apóstol "a quien Jesús quería mucho" (ver Juan 20.2), y más de una vez vemos en el evangelio que era el más íntimo con el Señor.

3/ ¿Por qué, entonces, habrá reaccionado de esa forma (v. 17) ante su amigo resucitado?

4/ Jesús se nombra a sí mismo "el primero y el último". ¿Quién ya proclamó lo mismo en este capítulo? (ver también Isaías 44.6)

a/ ¿A que conclusión nos lleva esto?

También afirma que tiene las llaves (la autoridad) sobre la muerte y el Hades.

5/ ¿Qué implica esa expresión?

Candelabro judío

Note que Juan debe escribir sobre dos temas: las cosas que **son,** y las que **han de ser** después (v. 19). Es importante tener esto en cuenta cuando estudiamos Apocalipsis.

Jesús aparece entre siete candelabros (no "candeleros"), que según el v. 20 representan a las iglesias. El candelabro tenía un lugar prominente en el templo judío (Hebreos 9.2).

Pero a la vez tiene "estrellas" en su mano. Es difícil imaginar cómo habrán sido esas "estrellas" que Juan vio. Jesús dice que representan a los siete "ángeles" de las iglesias.

El significado de estos "ángeles" no es claro. Cada una de las siete cartas (capítulos 2 y 3) está dirigida al "ángel" (mensajero) de la iglesia. Sin embargo, al leer las cartas uno se da cuenta que no están dirigidas a una persona en particular, sino a *toda* la iglesia (ver nota 4). Es decir, al escribir al "ángel" de la iglesia, está dirigiéndose a toda la iglesia.

Si el "ángel" es la iglesia, y las estrellas representan a los "ángeles", entonces vemos que Jesús tiene las iglesias firmemente en su mano.

6/ Si es así, ¿cómo entiende usted el simbolismo de las iglesias como:
  a/ candelabros?

  b/ estrellas?

Es importante notar que las siete iglesias nombradas en el v. 11 eran iglesias que existían en esa época. Y se las nombre en el orden que un viajero hubiera tomado para visitar a cada lugar y entregar las cartas. Las cartas son para iglesias particulares, pero a la vez para *todas* las iglesias (así 2.7, 2.11, 1.17, etc.).

De la boca del Señor salía una espada. Normalmente pensamos en la espada de la Palabra de Dios (Hebreos 4.12).

7/ Pero, según los siguientes pasajes, ¿que representa esta espada en Apocalipsis? Ver Apocaplipsis 2.12 y 16; 19.15 y 21.

Es el Cristo glorificado, el que está entre sus iglesias, quien escribe a su pueblo. Es el quien tiene la autoridad sobre la muerte, y la espada de Juicio.

Notas

1 - "*Patmos*". Juan aquí habla de su exilio como algo pasado ("me encontraba"). Es decir, recibió la revelación cuando estaba en la isla, pero en el momento de escribirla, ya no estaba allí. No sabemos dónde estaba, aunque la tradición de la iglesia primitiva le ubicó en Éfeso.

2 - "*Hijo de hombre*". El término puede referirse a dos cosas. Primero, a la verdadera humanidad de Jesús. Pero también parece una referencia a la profecía de Daniel 7.13.

3 - "*Vestido con una ropa...*" El estilo de ropa que llevaba Jesús era parecido al del sacerdote, pero también al de un rey. De cualquier manera, era señal de un personaje importante.

4 - "Ángeles". Es importante notar que nunca se usa la palabra "ángel" (en el griego original) para describir a un dirigente de la iglesia. Se usa para Juan el Bautista, pero es un caso especial (Marcos 1.2).

3

Apocalipsis

Capítulo 2.1-11

Las siete cartas de los capítulos 2 y 3 subrayan el hecho de que la revelación de Jesucristo a Juan no es un ensayo especulativo acerca de la profecía, sino un mensaje casi "pastoral" del Señor de la historia. Vimos en el capítulo uno que el Señor está entre sus iglesias; las tiene en su mano. Aquí les hace una advertencia, las aconseja.

Algunos comentaristas pretenden ver un progreso histórico en las siete cartas. Es decir, desde Éfeso que representa la iglesia del primer siglo hasta Laodicea que representa la iglesia apóstata del fin de los tiempos. Pero es un esquema impuesto sobre el texto bíblico. Es mejor tomarlas como cartas a iglesias específicas, pero con un mensaje para las iglesias de todos los tiempos (Note 2.7; 2.11; 2.17 etc.).

Como mencioné anteriormente, las iglesias están nombradas según un orden geográfico. Es decir, el viajero encargado de entregar las cartas hubiera llegado a las iglesias según la misma secuencia que Juan utiliza: el mapa lo muestra. Están ubicadas en una zona que actualmente es Turquía.

Note que las siete cartas tienen una forma muy parecida, es decir, que comienzan, se desarrollan y terminan con un plan común.

1/ Indique, en forma de bosquejo, cómo es ese plan.

Éfeso

Éfeso era la ciudad principal de la provincia romana de Asia. Con una población de unas 300.000 personas (muy grande para aquella época), y una colonia importante de judíos. Era conocida por ser el centro del culto a la diosa Artemisa (Hechos 19.27). Conviene leer Hechos 19 para conocer la entrada del evangelio a esa ciudad.

2/ El Señor tiene mucho de positivo para decir acerca de esta iglesia. Haga un resumen de lo "bueno" de la iglesia en sus propias palabras.

En los primeros años de la iglesia, hubo muchos predicadores "ambulantes", algunos que pretendían ser profetas, y otros que pretendían ser apóstoles.

Aparentemente, según el Nuevo Testamento, hubo dos clases de apóstol. Primero los doce, quienes tienen un lugar muy particular dentro de la iglesia (Mateo 19.28; Efesios 2.20; Apocalipsis 21.14). Pero además hubo otros como Pablo y Bernabé (Hechos 14.1, 3), Andrónico y Junio (Romanos 16.7) y otros. Eran enviados por las iglesias para hacer una obra de extensión del evangelio (Hechos 13.1-3).

Más tarde, por la falta de comunicación entre las iglesias, muchos "se hicieron" apóstoles. La iglesia de Éfeso sabía distinguir entre los verdaderos y los falsos (Apocalipsis 2.2).

Otra de las cosas a su favor es que odiaban las obras (los hechos) de los nicolaítas. No sabemos casi nada de ellos. La Biblia los menciona solamente aquí y en el v. 15. En las siete cartas se menciona tres diferentes "peligros o herejías", pero la historia ha borrado la memoria de este problema en particular.

Casi la única indicación que tenemos viene de la literatura de los primeros cristianos. Aparentemente los nicolaítas buscaban crear un puente entre la iglesia y la sociedad pagana, para que los cristianos pudieran participar en la vida social-religiosa del pueblo. Pablo trata una situación parecida en 1 Corintios 8.

3/ Si es así, ¿por qué los aborrece el Señor?

La única cosa que el Señor tiene contra la iglesia de Éfeso es que ya no tienen el mismo amor que antes (v. 4).

4/ ¿Cuál ha de ser la evidencia de que una persona, o una congregación, ha "dejado su primer amor?" (Se puede tomar esa expresión como amor hacia el Señor, o hacia los hermanos.)

a/ ¿Que debían hacer ellos para corregir esa debilidad?

5/ El Señor agrega una advertencia en caso que desobedezcan (v. 5). ¿Cómo entiende usted esa advertencia?

Las siete cartas tienen una promesa para el "vencedor", el creyente que se enfrenta a los problemas y los elimina; el que se queda firme a pesar de la persecución. Note que el Señor promete una participación de "el árbol de la vida" a los vencedores.

6/ Busque los siguientes pasajes y explique qué es ese árbol. Génesis 3.24, Apocalipsis 22.2, 14, 19.

"¡El que tiene oídos, oiga lo que el Espíritu dice a las iglesias!" (v. 7)

Esmirna

Esmirna era un puerto próspero, donde el evangelio probablemente llegó de parte de creyentes de Éfeso. Todavía hay una ciudad en ese sitio. No tenemos más información acerca de esa ciudad en el Nuevo Testamento.

De las siete iglesias, Esmirna es una de las dos que no recibe ninguna crítica de parte del Señor.

7/ Describa cómo era la iglesia, en sus propias palabras.

La palabra "pobreza" utilizada aquí significa una pobreza absoluta... no tenían nada (Ver nota 1).

8/ Aparentemente, los principales instigadores de la persecución eran judíos. ¿Cómo pueden haber sido judíos, pero a la vez no ser judíos (v. 9)?

a/ Según Hebreos 10.32-36, ¿cuál puede haber sido una causa de la extrema pobreza de los creyentes?

El Señor advierte que la persecución iba a continuar. La expresión "por diez días" del v. 10 probablemente es un modismo que indica un tiempo corto. Pero el Señor no promete librarles de la persecución. Simplemente les asegura que los conoce, los entiende, y que no deben tener miedo (Recuerde Mateo 10.28) (Ver nota 2).

9/ ¿Cuáles son las dos promesas que sí les hace (no se debe tomar en cuenta la BE). Explique cómo las entiende usted.

a/ (Ver también 2 Timoteo 4.8, 1 Pedro 5.4, Santiago 1.12)

b/ (Ver Apocalipsis 20.14, 21.8)

10/ ¿Usted ha visto en las cartas a estas dos iglesias una lección (o más) para la iglesia de hoy?

Notas

1 - "*Pobres*". Pobres.. sin embargo ricos en contraste con la iglesia de Laodicea que eran ricos, sin embargo pobres (3.17).

2 - Algunos años después los judíos, junto con los gentiles, instigaron la muerte de Policarpio, el pastor de la iglesia.

4

Apocalipsis

Capítulo 2.12-29

Espero que, al examinar estas siete cartas, se haya dado cuenta de que cada una comienza con una de las características de Jesucristo que vimos en el capítulo uno. Es el Señor resucitado, con toda su plenitud, quien escribe a sus iglesias.

Pérgamo

Aunque Pérgamo no tuvo mucha importancia como ciudad comercial, era la capital administrativa y judicial de la provincia de Asia. Fue la primera ciudad en tener un templo dedicado al culto del Emperador y era un centro de ese culto. Además tenía algunos templos paganos conocidos y visitados por personas de muchas naciones.

El culto al Emperador representaba uno de los estorbos más grandes que tenían que enfrentar los primeros cristianos. No ofrecer incienso y proclamar al César como Señor, era tacharse como desleal y hasta ateo. Muchos de nuestros hermanos murieron por no rendir el culto Imperial. Es muy probable que Antipas (v. 13) se incluía entre los mártires. Para nuestros hermanos, el templo dedicado al Emperador era el "trono de Satanás".

1/ Primeramente, el Señor tiene algo que decir a favor de esta iglesia. ¿Por qué es especialmente significante lo que dice?

Sin embargo, el Señor tiene dos cosas en su contra. Ya hemos encontrado a los nicolaítas, y no podemos agregar más. Muchos comentaristas piensan que el error de los nicolaítas y los de Balaam era esencialmente lo mismo, uno procedente de raíces gentiles y el otro de raíces judías.

2/ Pero vamos a examinar mejor las raíces del error de Balaam. En base a lo que dice este pasaje, más Números 25.1-3 y 31.16, ¿cuál era ese error?

En las ciudades fuera de los límites de Israel, los cristianos enfrentaban una situación delicada. El "matadero municipal" era el templo pagano, y la carne vendida en la ciudad normalmente había sido ofrecida a ídolos. En cualquier fiesta, al ser invitados los creyentes, tendrían delante de ellos esa carne. La situación creaba muchas tensiones.

3/ ¿Que solución da Pablo al conflicto de intereses? Ver 1 Corintios 8 y Romanos 14.1-3, 13-23.

4/ En esencia, entonces, ¿cuál habrá sido el peligro para la iglesia de Pérgamo?

a/ ¿Enfrentamos algún peligro parecido hoy?

El Señor dice que hubo un *grupo* dentro de la iglesia que retenía esa posición, sin embargo llama a *toda* la iglesia a arrepentirse.

5/ ¿Qué, entonces, tenía que hacer la iglesia?

Como siempre, el Señor hace promesas para el vencedor. Y en este caso son dos cosas "escondidas", privadas, algo entre el creyente y el Señor. Aunque hay muchas opiniones acerca del significado de la "piedra blanca", simplemente no sabemos qué puede significar... eso es, si tiene algún significado especial. Lo que sí es importante es el nombre que el Señor da al creyente fiel, un nombre conocido solamente por los dos.

En cuanto al maná, recordamos que fue un alimento que Dios dio a su pueblo mientras vagaba por el desierto.

6/ Pero para nosotros puede haber otro significado. Según Juan 6.31-35, ¿que puede significar para nosotros?

Tiatira

Como ciudad, Tiatira era la menos destacada de las siete. Tenía cierta importancia por su industria (Lidia de la iglesia de Filipo vino de Tiatira, Hechos 16.14) y por estar ubicada en el camino romano entre Pérgamo y Laodicea.

Un detalle que nos ayuda comprender la situación de esta (y de las otras) iglesia es la existencia de un buen número de gremios fuertes en la ciudad (más que cualquier otra ciudad de la provincia). Cada profesión tenía su gremio, y era casi imposible trabajar sin ser miembro. Pero los miembros debían asistir a los banquetes gremiales, y en ellos servían carne ofrecida a ídolos. La situación era muy delicada para los primeros cristianos.

Según Jesús, la iglesia tenía un buen testimonio. Había crecido en madurez (en contraste con Efeso), sin embargo, tuvo un "pero" importante.

Es casi seguro que el nombre "Jezabel" en el v. 20 se usa en forma simbólica. Es algo que vamos a encontrar muchas veces en este libro. El Señor dice que esa mujer se llamó "profetiza" a sí misma. En la iglesia naciente, cuando todavía no había Biblias disponibles para la congregación, el "profeta" era muy respetado y tenía mucha autoridad en la iglesia. Su papel no era tanto el de predecir el futuro, como el de guiar a la iglesia (Efesios 4.11).

7/ Según 1 Reyes 16.29-32; 18.4; 2 Reyes 9.22, ¿que simbolizaba ese nombre "Jezabel"?

En esos pasajes del Antiguo Testamento, como en muchos del Apocalipsis, vemos las palabras "fornicación" y "adulterio" utilizados en un sentido figurado, espiritual. Muchas veces en el Antiguo Testamento Dios acusa a su pueblo de "adulterio". Es decir, de dejarle para seguir otros dioses.

8/ En base a todo lo que hemos visto, ¿cómo era el problema que tenía la iglesia de Tiratira?

La expresión "arrojar en cama" (RV) o "hacerla caer en cama"(BE) en el v. 22 es un "hebraísmo" (un modismo en la lengua hebrea) que significa caer enfermo. Los "hijos" de Jezabel y los que "cometen adulterio" con ella serían los que fueron seducidos por esa enseñanza. El Señor amenaza castigarla a ella y a sus seguidores como ejemplos, "Así todas las iglesias se darán cuenta de que yo conozco hasta el fondo la mente y el corazón; y a cada uno de ustedes le dará según lo que haya hecho.." (v. 23)

Al vencedor el Señor le promete dos cosas. La primera es un reflejo del Salmo 2. La segunda (la estrella) es una referencia que, a esta altura, no es tan clara.

9/ Hay dos posibles interpretaciones de la estrella. ¿Cuáles son?

  a/ Números 24.17 y Apocalipsis 22.16.

  b/ Daniel 12.3 y Mateo 13.43

De nuevo, el Señor de las iglesias les advierte: "¡El que tiene oídos, oiga lo que el Espíritu dice a las iglesias!"

10/ ¿Usted ha visto en estas dos cartas (las que vimos en este capítulo) una lección (o más) para la iglesia de hoy?

5

Apocalipsis

Capítulos 3.1- 13

De Tiatira, seguimos el camino romano hacia el sur, hacia Laodicea, y llegamos a:

Sardis

Aunque la ciudad había gozado de prosperidad en el pasado, Sardis tenía poca importancia cuando Juan escribió.

La crítica del Señor para la iglesia es muy severa.

1/ ¿Cómo será, actualmente, una iglesia con fama de tener vida, pero que realmente está muerta? ¿Cómo puede ser?

2/ Hay siete verbos que marcan lo que la iglesia debía hacer para corregir la situación (ver más de una traducción). En forma práctica, ¿qué tenían que hacer?

Hubo unas pocas excepciones, personas que no habían "manchado sus ropas". "Manchar la ropa" es, por supuesto, una figura que contrasta con la ropa blanca del v. 5. La ropa blanca sugiere pureza, victoria, celebración.

3/ ¿Cómo podemos "manchar nuestra ropa"?

Note que hay tres promesas para el "vencedor". El "libro de la vida" se menciona varias veces en el Nuevo Testamento, como por ejemplo, Filipenses 4.3 y Apocalipsis 20.15.

4/ Cuando Jesús habla aquí del libro de la vida y de reconocerlos delante de su Padre, ¿es una promesa, o una advertencia? Explique.

Filadelfia

Filadelfia, situada en un valle fértil, era la cruce de importantes rutas comerciales. Era una ciudad próspera y llena de templos paganos.

La carta tiene mucho en común con la carta para Sardis. El Señor no tuvo que reprender a ninguna de las dos, y sus "problemas" venían de afuera, no de adentro. Lo de "los judíos que no son judíos" vimos en la carta a Sardis. Da la impresión de que la iglesia era pequeña (v. 8).

Los comentaristas no están de acuerdo en cuanto a la referencia a una "puerta abierta". Sabemos que no necesariamente significaba lo mismo para ellos hace más de 1900 años que para nosotros. Sin embargo, el uso de la expresión en el Nuevo Testamento nos ayuda a entenderlo.

5/ Según Hechos 14.27, 1 Corintios 16.9 y 2 Corintios 2.12, ¿qué habrá sido esa "puerta abierta"?

a/ ¿Qué implica la expresión "que nadie puede cerrar"?

Según las profecías, las naciones iban a traer sus riquezas a Jerusalén y reconocer que Israel es el pueblo que Dios ha amado (Así Isaías 45.14, 49.23). Pero aquí el Señor dice que *ellos* (los judíos) tendrían que reconocer que Dios ha llamado de entre las naciones un nuevo pueblo, también amado (ver también Romanos 9.25).

6/ El Señor pide una sola cosa de ellos. ¿Qué es? ¿Cómo lo entiende usted?

A los vencedores, Jesús dice que los hará "columnas" en el templo de su Dios. Obviamente la expresión es figurativa, especialmente cuando recordamos que no habrá templo en la nueva ciudad de Dios (Apocalipsis 21.22). Es una figura que encontramos varias veces en el Nuevo Testamento (Gálatas 2.9, 1 Timoteo 3.15 RV).

7/ ¿Qué le sugiere a usted la idea de ser una "columna" en la presencia de Dios?

También el Señor dice que iba a escribir tres nombres en los vencedores. Uno de ellos es el "nuevo" nombre de Jesús, del cual no sabemos nada todavía.

8/ ¿Qué implica que estos tres nombres estén escritos en ellos?

De nuevo, "¡El que tiene oídos, oiga lo que el Espíritu dice a las iglesias!"

6

Apocalipsis

Capítulo 3.14-22

Laodicea

Llegamos a la última de las siete iglesias. La ciudad de Laodicea era muy próspera. Estaba situada en la convergencia de rutas comerciales importantes, también rodeada por un llanura fértil.

Pero la iglesia de Laodicea tiene la triste distinción de ser la única de las siete de la cual Jesús no dijo nada bueno.

El problema fundamental, según él, es que eran "tibios". "Caliente", entendemos. Es el creyente que lucha, avanza, crece, busca conocer mejor a Dios y servirle mejor. Y el "frío" también comprendemos, porque directamente está apagado, apartado, inútil.

1/ Pero vamos a la práctica. ¿Que características ha de tener un creyente "tibio"? ¿Cómo lo reconocemos?

2/ Jesús dice que hay cinco causas de su tibieza. Busque este pasaje en otras versiones de la Biblia, y dé una breve explicación de como sería una persona con cada una de estas características.

a/ desventurado

b/ miserable

c/ pobre

d/ ciego

e/ desnudo

La amenaza de Jesús es bien fuerte. El verbo significa "vomitar de la *boca*" (BE). Es como la persona que prueba algo desagradable y luego lo escupe.

3/ ¿Qué les quería decir Jesús a ellos cuando dijo que los iba a "vomitar de su boca"?

Jesús dijo que ellos tenían que conseguir de él los remedios para solucionar tres cosas. En cuanto a "comprar", note Isaías 55.1.

4/ ¿Cómo explica usted las tres soluciones que Jesús propone (v.18)?

a/

b/

c/

El v. 19 subraya algo que hemos visto en estas cartas: el Señor es bastante severo con su pueblo. No tolera la desobediencia, la desviación. Sabe bien que permitir a una iglesia seguir en el error solamente le hace mal. Pero es importante notar que reprende y *corrige*. Todas las versiones modernas tienen el verbo "corregir" (disciplinar) en vez de "castigar" como reza la Reina-Valera... son dos cosas muy distintas. La persona que realmente ama, reprende y corrige a sus amados cuando andan mal.

Aunque es común utilizar el v. 20 en la evangelización, en realidad está dirigido a la iglesia.

5/ Si es para la iglesia, para nosotros, explique:
    a/ ¿Que pide el Señor?

    b/ ¿Qué ofrece?

Conclusión

Espero que haya visto que las siete cartas no son tan difíciles o "misteriosas". Jesús escribe a iglesias reales en sus situaciones reales. Aunque, por supuesto, vemos en ellas lecciones para nosotros hoy.

Quiero llamar su atención a tres elementos que se repiten en todas las cartas.

Por un lado, comienza todas diciendo "yo conozco tus obras" (RV), o "Yo sé todo lo que haces." (BE). Lo puede decir para mi iglesia, para la suya.

6/ ¿Qué implicaciones tiene esta frase para la vida de la iglesia?

Segundo, termina hablando del "vencedor". En todas las cartas promete algo para ese "vencedor".

7/ ¿Que implica esta expresión para la vida cristiana?

Y tercero, al final de todas las cartas dice "El que tiene oídos, oiga lo que el Espíritu dice a las iglesias."

8/ ¿Que quiere decir esta expresión para nosotros, hoy?

Apocalipsis
Segunda división principal
Capítulos 4-7

Como dije en el principio del estudio, los primeros tres capítulos preparan el terreno para lo que sigue. Juan se introduce a sí mismo y al Señor de la revelación. Y con las cartas a las siete iglesias trata de "lo que ahora hay" (1.19), es decir, del tiempo en que vivía Juan. Además la visión de Juan, hasta este punto, está limitada a cosas que ocurren aquí en la tierra.

Pero ahora se abre una puerta en el cielo (4.1) y comenzamos a ver las escenas cósmicas que tienen que ver con eventos relacionados con el reino de Dios, de Satanás y del futuro (desde la perspectiva de Juan).

Y también ahora comenzamos a ver las partes más difíciles de Apocalipsis. Es muy importante recordar desde el principio que Juan escribe lo que vio, y lo que vio eran principalmente figuras de cosas que nosotros no podemos ver. Como en 1.13-16, Juan describe de la mejor manera que puede una escena que era sumamente difícil describir con palabras. Y ahora intentará describir cosas de las cuales simplemente no tenemos su equivalente en nuestra experiencia humana.

Cito un viejo refrán:

"Lo importante en este libro es claro; lo que no es claro tampoco es tan importante."

Hay aspectos de los capítulos que siguen que simplemente no podemos interpretar, porque no tenemos la información necesaria a esta altura. Pero lo esencial, es decir el mensaje principal, es muy claro. Nuestro Dios es soberano, y aunque el mundo parece ir de mal a peor, sabemos que la victoria final pertenece a nuestro Dios.

7

Apocalipsis

Capítulo 4

Se abre una "puerta", y ya estamos en una escena celestial. Ya no tenemos la tierra bajo nuestros pies, y alrededor se extiende el esplendor sin límites del universo de Dios.

Y en el centro de la escena, un trono y frente al trono un "mar" (ver nota 1).

Toda la atención se enfoca en la persona (¿o ser?) sentada en el trono, y es llamativa la reticencia de Juan al describir ese ser (ver nota 2).

1/ En base a lo que dice Juan, ¿cuánto sabemos de él?

Es importante tomar en cuenta el uso de Juan de las palabras "semejante a" y "como". Intenta, con palabras, describir lo que vio, aun cuando lo visto no tiene paralelo en nuestro mundo físico.

Los sonidos y efectos visuales se repiten varias veces en Apocalipsis, especialmente en momentos claves del relato.

2/ Juan describe algunos aspectos del trono y su alrededor. ¿Cómo era?

Además del trono, vemos dos grupos de seres. Primero están los veinticuatro ancianos. No sabemos nada de ellos fuera de lo que dice Apocalipsis, y es inútil tratar de buscar algún significado especial para ellos. Son seres espirituales, tal vez ángeles, que tienen su función en el reino de Dios (Ver nota 3).

3/ ¿De qué manera su canto en 5.9-10 confirma que ellos no son de la tierra? (Hay que verlo en cualquier versión de la Biblia *menos* la RV.)

4/ En base a la descripción que Juan nos da de ellos, ¿Qué aprendemos acerca de estos seres?

Además de los ancianos, aparecen cuatro seres misteriosos. No es la primera vez que aparecen en el relato bíblico. Isaías 6.1-3 menciona seres alrededor del trono, y Ezequiel 10 especifica cuatro seres. Ya que son seres espirituales, es posible que cambien de forma continuamente.

5/ De todos modos, ¿qué tienen en común los seres de Isaías, Ezequiel y Apocalipsis?

Como en el caso de los ancianos, abundan los intentos de dar algún significado a estos seres, pero por falta de información, necesariamente sólo estaremos especulando (ver nota 4).

Vemos que una de las actividades principales de esos seres es la alabanza. En su alabanza a Dios afirman tres de sus características.

6/ Describa esas tres características en sus propias palabras. ¿Cómo nos ayudan a comprender a Dios?

   a/

b/

c/

Es llamativo que los ancianos siguen la iniciativa de los cuatro seres. Los seres alaban; los ancianos adoran.

7/ ¿Cómo entiende usted la diferencia?

La adoración de los ancianos también destaca características de Dios.

8/ ¿De qué manera el "canto" de los ancianos había de animar a un pequeño grupo de iglesias que enfrentaba la persecución?

9/ ¿Cuál le parece es el mensaje principal de este capítulo?

Notas

1 - "*Parecía un mar*". Los comentaristas difieren a lo que era. Juan es cuidadoso en decir que era algo transparente, *parecido* a un mar.

2 - "*De un diamante o de un rubí*". Muchas veces no sabemos a qué piedras se refieren las palabras griegas del original. Por esta razón las traducciones son a veces aproximaciones.

Le he llamado "ser" a nuestro Dios a propósito. Es cierto que en un sentido es una "persona", pero a la vez es tanto más de lo que nosotros pensamos cuando hablamos de una "persona". Sospecho que cuando le veamos, nos daremos cuenta que esa "persona" es mucho más grande que hubieramos podido imaginar.

3 - "*Ángeles*". Los ángeles que vemos en la Biblia están normalmente vestidos de blanco (Juan 20.12, Hechos 1.10, etc.) y Pablo escribe acerca de diferentes rangos de ángeles (seres celestiales) en pasajes como Colosenses 1.16 y Efesios 3.10.

4 - "*Cuatro seres*". Durante toda la historia de la iglesia los comentaristas han dado diferentes interpretaciones al aspecto de estos cuatro seres. Pero en realidad, no sabemos por qué aparecen con esos aspectos en particular. El hecho de que los mismos aparentemente aparecen en escenas del Antiguo Testamento, pero con aspectos diferentes, nos lleva a sospechar que tienen la facultad de aparecer como quieren.

8

Apocalipsis

Capítulo 5

Aunque hemos cambiado de capítulo, no hemos cambiado de escena. Hay que recordar siempre que las divisiones de capítulos y versículos son modernas, y no están en los manuscritos originales.

Pero lo que sí cambia es el enfoque central. Ahora, en vez del personaje sentado en el trono, todas las miradas caen en un pequeño cordero. Pero vamos por partes.

De nuevo vemos la repetición del número siete varias veces en el capítulo. Vimos ya siete estrellas, siete candeleros, siete iglesias. Es el número que se usa a menudo en la Biblia para indicar algo completo, acabado.

Juan ve en la mano del personaje sentado en el trono un rollo, no un "libro", ya que los "libros" de aquel tiempo eran rollos de papiro o de cuero.

1/ ¿Cómo sabemos que era un rollo muy importante? Indique todos los factores.

El tema del rollo se complica porque no sabemos exactamente cómo era. Aparentemente había dos clases de rollo sellado. Uno donde era necesario quitar todos los sellos para poder abrirlo. El otro tenía los sellos puestos de tal manera que era posible quitar un sello, leer una parte y luego quitar otro sello y leer otra parte y así sucesivamente.

Tampoco sabemos el contenido del rollo, ya que Juan no lo dice directamente en ninguna parte. Si fuera un rollo donde era posible leer una parte después de cada sello, entonces los comentaristas se inclinan por la interpretación de

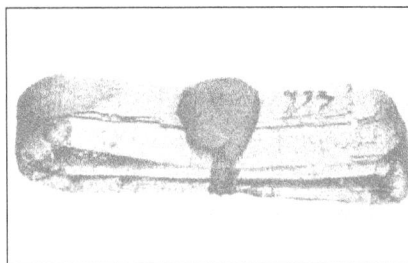

Rollo con sello

que el rollo describe los incidentes de Apocalipsis 6.

En cambio, los comentaristas que piensan que era necesario sacar todos los sellos antes de poder leer el rollo, mayormente piensan que su contenido es todo el Apocalipsis comenzando con el capítulo 7 en adelante.

Aunque hay mucha especulación en cuanto a su contenido, es mejor reconocer nuestra ignorancia. En realidad, ni hace referencia a la lectura del mensaje en el relato. Toda la atención se enfoca en los sellos, y una vez que se quitan todos, no vemos que abren el rollo; simplemente desaparece de escena.

Aunque nadie se encontró digno de abrir el rollo, uno de los veinticuatro ancianos le dijo a Juan que sí había uno capaz de hacerlo, y describe cómo es.

2/ ¿Que nos dice el título "el león de la tribu de Judá"? Ver Génesis 49.9, 10; Miq 5.8; Hebreos 7.14.

3/ ¿Que nos dice el título "el retoño de David"? Ver Isaías 11.1, 10; Isaías 53.2; Mateo 1.1; Hechos 13.22, 23.

4/ "ha vencido..." ¿qué?

Y aquí encontramos una de las paradojas más bellas de la Biblia. El "león" de Judá, el vencedor, aparece... y es un cordero. Sí, hay uno solo capaz de abrir el rollo de Dios.

Pero no un cordero cualquiera. Hay tres detalles extraños que Juan menciona acerca de este Cordero.

Primero, Juan dice que "Estaba de pie, pero se veía que había sido sacrificado" (BE).

5/ ¿Qué trata de sugerir Juan al hablar de un Cordero que está de pie aunque se veía que había sido sacrificado? ¿Qué le trae a la mente esa figura?

Hasta qué punto las visiones de Juan son reales, o símbólicas, es algo que muchas veces no podemos distinguir. No existen, por ejemplo, corderos con siete cuernos y siete ojos. Sin embargo Dios mostró este Cordero a Juan para enseñarnos algo importante sobre su Mesías.

6/ ¿Qué puede significar el hecho de que el Cordero tiene:
  a/ siete cuernos? (Ver, por ejemplo, Deuteronomio 33.17)

  b/ siete ojos?

Cuando el Cordero toma el rollo, de nuevo brotan cánticos de alabanza, pero esta vez dirigidos al Cordero.

7/ Juan menciona a cuatro grupos diferentes que alaban al Cordero. ¿Cuáles son?

Como dije antes, hay que ver los vv. 9 y 10 en una versión diferente a Reina-Valera, porque el canto no habla de "nosotros", sino de "ellos".

Primero los cuatro seres y los ancianos cantan su alabanza. Proclaman la razón por la cual el Cordero es digno de abrir el rollo (ver nota 1).

8/ Busque por lo menos un pasaje más del Nuevo Testamento que ratifica que:

a/ los redimidos forman un "reino".

b/ son "sacerdotes".

Luego descubrimos que había millones de millones de ángeles presentes en la escena, y ellos también alaban al Cordero (v. 12).

9/ Cuando ellos dicen que el Cordero es "digno de recibir" todas esas cosas (no "tomar" como reza la RV), ¿que están expresando?

Finalmente, Juan relata cómo *todo* ser creado, sin excepción (v. 13), alaba al que está en el trono, y al Cordero. Los dos reciben, y merecen, la misma alabanza.(ver nota 2)

10/ ¿Cuál puede ser la lección más importante para nuestras iglesias en este capítulo?

Notas

1 - "A*rpas*". Aunque la mitología popular pinta un cuadro de un cielo donde todos llevan arpas, según la visión de Juan, solamente los ancianos las tienen.
"*Oración*". El salmo 141.2 compara la oración al incienso. El incienso era un elemento esencial en el Templo, y se lo ofrecía como ofrenda fragante a Dios.

2 - Es notable que no se menciona específicamentre a la iglesia en esta escena. Habla de *toda* la creación, que nos hace recordar a pasajes como Romanos 8.20, 21; Filipenses 2.10, 11; Colosenses 1.20. En los capítulos 5 y 6 de la revelación a Juan no se da información sobre la situación de la iglesia.

9

Apocalipsis

Capítulo 6

Entramos ahora en la parte más problemática del libro. Desde ahora comenzaremos a ver hechos y figuras difíciles de interpretar, y que han sido motivo de discusiones (y disensiones) durante la historia de la iglesia.

Podemos hacer un esquema simplificado de lo que queda del libro, de esta forma:

Siete sellos
    Una anticipación del fin de la historia
    Varias escenas intermedias
Siete trompetas
    Una anticipación del fin
    Varias escenas intermedias
Siete copas
    El fin

Es decir, hay tres "bloques" de siete, y es importante tomar en cuenta tres características de estos bloques:

1 - Hay entre los bloques cierta repetición. Por ejemplo, dos veces se hace daño al mar, dos veces a los ríos (trompetas y copas).
2 - Los tres bloques progresan en la intensidad de los daños. Tomando el mismo ejemplo del mar, primero muere la tercera parte de los seres vivos (trompetas) y luego mueren todos (copas).
3 - Cada serie de siete termina con una escena que anticipa el fin del mundo. La última, por supuesto, termina con *el* fin.

Vemos, entonces, que hay repetición pero a la vez progreso. Es como si Juan viera la misma realidad (lo que pronto ha de suceder, Apocalipsis 1.1) desde tres perspectivas diferentes. Las tres son simbólicas, ninguna es completa, y las tres apuntan hacia el mismo fin.

En el capítulo 6 aparece una serie de cuatro caballos con jinetes. Por supuesto, cada uno es símbolo de una realidad. Vienen diferentes formas de desgracia sobre la tierra, y cada una se representa por medio de una figura, un símbolo (ver notas 1 y 2).

1/ ¿Qué puede representar cada caballo con su jinete? ¿Corresponden estas imagenes con la realidad de nuestro mundo actual?

a/ Primero

b/ Segundo

c/ Tercero

d/ Cuarto

Los eventos de los primeros cuatro sellos ocurren en la tierra (ver nota 3). Con el quinto vemos una escena en el cielo, donde hay un grupo de personas (ver el pasaje en más de una versión). La BE habla de "los que habían sido degollados", pero sería más correcto hablar de "los que habían muerto"(RV). Es la primera mención directa de la iglesia en Apocalipsis. (ver nota 4)

2/ En cuanto a esas personas ("almas", RV):

a/ ¿Quiénes son?

b/ ¿Qué piden?

c/ ¿Reciben respuesta?

Note que dice Juan que están *bajo* el altar (ver nota 5).

3/ Busque los siguientes pasajes. ¿Qué significado puede tener el hecho de que están bajo el altar? Éxodo 29.12; Levítico 4.7; Levítico 17.11; 2 Timoteo 4.6; Filipenses 2.17.

Parece un poco chocante que pidan "venganza", pero necesitamos recordar que no estamos aquí frente a un daño personal, sino frente a un mundo que ha rechazado a su legítimo dueño y que ha perseguido y asesinado a sus siervos.

4/ ¿A que conclusión nos llevan Lucas 18.7; Romanos 12.19; 1 Tesalonicenses 4.6; Hebreos 10.30, 31?

La pregunta de estos mártires y la respuesta indican que hasta aquí, por lo menos, no se relata el fin de la historia, sino más bien se ayuda a una iglesia que sufre persecución a comprender la razón tras el mundo caótico en que vive.(ver nota 6)

Pero con el v. 12 llegamos al primero de varios pasajes que narran eventos que tienen que ver con el fin de la historia. Son eventos "culminantes", sin embargo el relato de Juan sigue, y no vemos el cumplimiento de estos eventos en el progreso de este libro hasta que llegamos a los capítulos 19 y 20.

La escena de los vv. 12-17 es escalofriante, pero no es nueva. Los profetas la describieron ya en pasajes como Isaías 2.12-21, Oseas 10.8 y muchos más.

5/ La reacción de la gente es temor.

a/ ¿Quiénes tendrán (o deberán tener) temor en ese día?

b/ ¿A qué deben temer?

Algunos creen que la frase "la ira del Cordero" es una paradoja. Es decir, que es chocante hablar de un cordero, débil, inocente, como si fuera un peligro.

6/ Sin embargo, ¿qué vimos en la primera descripción del Cordero que cambia esa imagen de "debilidad"?

A muchos creyentes les cuesta hablar de la "ira" de Dios. Refuerza ese concepto que muchos tienen de un Dios vengativo y cruel. Sin embargo, es un concepto que vamos a encontrar varias veces en Apocalipsis.

7/ ¿Por qué es justo que Dios tenga "ira"? Apoye su argumento con, por lo menos, dos pasajes bíblicos.

8/ En resumen, ¿cuál es el mensaje de este capítulo para las iglesias?

Notas

1 - "*Caballo blanco*". Algunos piensan que este jinete es el mismo de Apocalipsis 19.11, es decir, Cristo. Pero en Apocalipsis 19 el jinete lleva la espada, mientras aquí lleva un arco. En Apocalipsis 19 lleva la corona real (diadema), mientras aquí la corona es para el victorioso (stefanos). Además el relato dice que sale para *vencer*, y Cristo como vencedor no aparece hasta el final de la historia de este mundo.

2 - "*Un kilo de trigo*". El precio citado aquí (un denario, el salario de un día) es diez veces más caro que lo normal.

3 - "*Tierra*". Note el comentario del Señor acerca de este período en Mateo 24.5-8.

4 - La descripción de estas personas sugiere que no habían resucitado, es decir, que tenían una forma intermedia después de la muerte y antes de la resurrección. Pablo afirmó que al morir, estaría con Cristo (Filipenses 1.24) y en 2 Corintios 5.1-5 sugiere que hay un estado "desnudo" en el cual esperamos recibir el nuevo cuerpo.

5 - "*Altar*". Del relato mismo, no sabemos a qué altar se refiere. Una vez más se trata de un símbolo, ya que no hacen falta altares en el cielo.

6 - Juan no nos da ninguna indicación de "tiempo" aquí. Pero los vv. 10 y 11 tomados juntos, sugieren que es un momento cuando muchos ya habían muerto por Cristo, y que también en el futuro (de ellos) muchos más morirían.

10

Apocalipsis
Capítulo 7

El capítulo siete es como un paréntesis en el relato. Ya se abrieron los primeros seis sellos, y el escenario está preparado para el séptimo, para que siga la historia. Pero antes Juan responde a la pregunta de 6.17.

En la primera visión (la expresión "Después de esto" introduce algo nuevo), Juan ve a cuatro ángeles con poder de destrucción (v. 3). Cuáles son, no sabemos. Pero reciben órdenes de no actuar hasta que sean sellados los "siervos de Dios".

El sello, que en aquel tiempo hubiera sido un anillo-sello, marcaba una posesión y la autoridad del sellador (Ver Ester 8.8).

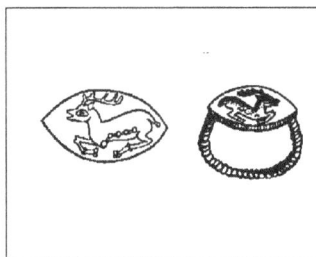

Sello anillo y su impresión.

El problema nace cuando tratamos de identificar a este primer grupo. Hay, en esencia, dos líneas de interpretación más comunes entre los estudiosos de Apocalipsis. Ambas posibilidades tienen sus dificultades serias.

La *primera* posibilidad es tomar el relato "más o menos" literalmente. Es decir, que este primer grupo está formado por judíos (ver nota 1).

1/ En gran parte, esta interpretación se basa en Romanos 11.25-32. ¿Por qué?

En cuanto al número de sellados, el número 144.000 probablemente era un número simbólico para los judíos. Los comentaristas notan que es un múltiplo del número 12, que para los judíos simbolizaba algo completo. Es, a la manera judía, decir que *todos* serán salvos.

2/ Otros factores que también debemos tomar en cuenta son:

a/ Aparentemente, ¿dónde están estos 144.000 mil?

b/ ¿Para qué han sido sellados, según Apocalipsis 9.4? (Note también 16.2)

Una de las objeciones principales de esta posición es que las 12 tribus, en su mayor parte, habían desaparecido mucho tiempo antes de que Juan escribiera. Aunque siempre podemos suponer que Dios sabe quiénes son.

Otra objeción es que falta una tribu en la lista (Dan). Sin embargo, ya que Jacob tuvo 13 hijos, siempre se elimina uno en las diferentes listas que aparecen en la Biblia (normalmente Leví).

La *segunda* interpretación de los 144.000 se basa en pasajes como Gálatas 3.7 y 29; Gálatas 6.16 y Santiago 1.1.

3/ ¿Cómo entiende usted esta interpretación?

4/ ¿A qué conclusión nos llevaría Efesios 2.14-16?

Una objeción a esta posición de que Israel desaparece de la escena de la historia, es que de seis comentarios bíblicos consultados sobre Romanos, todos están de acuerdo en que Romanos 11 enseña una restauración futura de Israel.

5/ ¿Es importante que decidamos entre estas dos posiciones? ¿Por qué?

6/ ¿De qué manera, entonces, responden los vv. 1-8 a la pregunta de Apocalipsis 6.17?

Con la expresión "Después de esto..." Juan introduce otra visión, otra escena, otro grupo de personas. Es posible que sean los mismos de los vv. 1-8 (muchos comentaristas lo piensan), pero puede no ser así.

Hay dos factores que me llevan a considerar que no son iguales, aparte del hecho de que Juan dice que el primer grupo se compone de judíos.

Primero, la escena de los vv. 1-8 aparentemente transcurre sobre la tierra, mientras la segunda escena es en el cielo.

7/ ¿Cuáles evidencias vemos en el capítulo para afirmar esto?

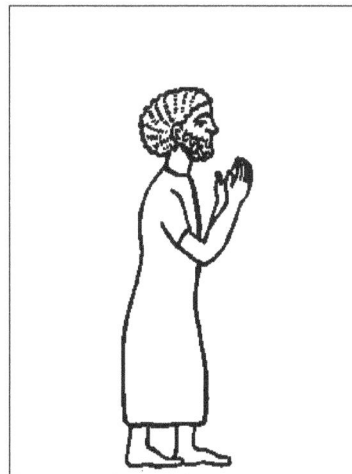

Segundo, el v. 3 sugiere que las principales tribulaciones no habían llegado todavía, mientras vemos que el segundo grupo aparece después de la "gran" tribulación (ver nota 2).

Juan dice que estaban vestidos de ropa blanca. La palabra original se refiere a la ropa larga, en forma de túnica, que los judíos llevaban para ocasiones especiales.

¡Lo insólito es que la ropa blanca había sido lavada con sangre roja (v. 14)!

8/ Busque los siguientes versículos y explique el significado de la figura. Isaías 1.18; Hebreos 9.14.

9/ Note que el v. 15 comienza con un "Por eso..."
  a/ La expresión "por eso" mira atrás en el pasaje. Es una explicación ¿de qué?

  b/ ¿Cuál es el resultado?

10/ ¿De qué manera los vv. 9-17 responden a la pregunta de 6.17?

Notas

1 - Los comentaristas llaman la atención al hecho de que la tribu de Dan no está presente en la lista. Sugieren que es a raíz de una tradición judía de que Dan era una tribu idólatra y que de ella venía el anti-Cristo. Pero realmente no sabemos porqué no está incluída. También se suele notar que diez de las tribus ya habían desaparecido en aquel tiempo. Fueron dispersadas en Asiria años antes.

2 - "*La gran tribulación*". Apocalipsis no identifica en ninguna parte "la" gran tribulación. Las que traen los sellos y las trompetas son tribulaciones bastante grandes, aunque la referencia más probable a la "tribulación final", es la de las siete copas.

Es difícil pensar que la multitud del v. 9 representa a la iglesia que había sido resucitado antes de la "gran tribulación", cuando el ángel dice especificamente que "han pasado por la gran tribulación" (BE), o que "están saliendo"(NVI), o "han salido" (RV95).

3 - Debemos recordar que actualmente, una parte de la iglesia está aquí, sobre la tierra, y otra parte está con el Señor (Filipenses 1.23). Ya que, según Apocalipsis, la primera resurrección no ocurre hasta Apocalipsis 20.4 y 5, esta multitud puede representar a la iglesia que ya está en la presencia de Dios.

Apocalipsis
Tercera división principal
Capítulos 8-11

Como dije anteriormente, entre las tres series de siete (sellos, trompetas y copas) hay repetición y hay progresión. Las tres apuntan hacia el fin, pero solamente el tercer grupo nos introduce a "el" fin.

En el capítulo siete vimos a dos multitudes, ambas del pueblo de Dios. Una en la tierra, la otra en el cielo. Una, aparentemente, la vemos antes de la gran tribulación; la otra, después. Pero Juan no nos ayuda con los tiempos. Apocalipsis es una serie de visiones, pero no necesariamente en orden cronológico.

Y con lo que continúa del libro de Apocalipsis, vamos a tener cada vez más problemas con el "cuándo". Hay referencias que, aparentemente, son históricas, es decir, hechos ya concluidos. Hay otros eventos que son futuros. Pero los intentos de ubicar todo y tener una cronología exacta, especialmente una que esté de acuerdo con las profecías del Antiguo Testamento, son muy variadas e incompletas.

Y creo que el propósito del Señor y de Juan al escribir este libro no es proveernos con un calendario del fin del mundo, sino alentarnos en un mundo donde las fuerzas de mal tendrán una influencia creciente. Lo importante no es el "cuándo", sino la protección y cuidado divino en medio de la tormenta. El mensaje final del libro es claro: ¡Dios y su Cristo reinan!

11

Apocalipsis

Capítulo 8

Al llegar el momento cuando se abre el séptimo sello, uno esperaría "el" fin. Pero no llega. Después de un silencio impresionante (¡Recuerde que hasta aquí hemos encontrado que el cielo es un lugar bullicioso!) comienza otro ciclo de siete, las siete trompetas (ver nota 1).

Pero el silencio no es completo. Lo que "se oye" son las oraciones de los santos. Esta vez no "son" incienso, sino se ofrecen junto con el incienso, como ofrenda.

1/ En cuanto a esta escena.

    a/ ¿Que origen tiene el incienso?

    b/ De dónde vienen las oraciones?

    c/ ¿Que sugiere el hecho de que se mezclan?

El silencio se rompe con otra manifestación clamorosa de la presencia del reino, y los ángeles tocan sus trompetas, una por una.

El uso de trompetas es muy común en la historia de Israel, y en varios pasajes vemos que tienen un simbolismo especial.

2/ Según los siguientes pasajes, ¿cuál es ese simbolismo? Isaías 27.13; Jl 2.1; Sof 1.14-16; Mateo 24.31; 1 Co 15.51, 52.

Se nota cierto paralelo entre los primeros cuatro sellos y las primeras cuatro trompetas. En ambos casos, el quinto sello y la quinta trompeta, cambian el enfoque.

3/ En términos generales:

a/ ¿qué fue afectado al abrirse los primeros cuatro sellos?

b/ ¿qué fue afectado al sonar las primeras cuatro trompetas?

4/ ¿Qué factor se repite en el relato de las cuatro trompetas que indica que no se trata de "el" fin?

Juan no dice de dónde vienen estas cuatro desgracias. Y seguramente su lenguaje es, por lo menos en parte, figurativo (Así en el v. 8 vio "algo que *parecía* un gran monte..." BE) (ver nota 2).

5/ Explique, en sus propias palabras, cómo queda la tierra después de estas primeras cuatro trompetas.

6/ Si esta destrucción no es "el" fin todavía, ¿que propósito tendrá?

El capítulo termina con el lamento de un águila (ver nota 3): "Ay, ay, ay de los habitantes de la tierra..." (Apocalipsis 8.13 BE). Las primeras cuatro trompetas afectaron directamente a la tierra, pero también indirectamente a la gente. Las que vienen son aún más directas y terribles.

Notas

1 - *"Trompetas"*. El séptimo sello no tiene ninguna desgracia como las otras seis. Más bien, al abrir el séptimo sello pasamos directamente a las trompetas. Por esta razón, muchos comentaristas piensan que el *contenido* del séptimo sello son las trompetas mismas.

2 - *"Ajenjo"* (RV). Esta es la traducción de una palabra griega poco común que no se encuentra sino aquí en la Biblia (es decir, en la versión griega). No era una sustancia venenosa, pero sí muy amarga.

3 - *"Ángel/águila"*. Aunque la RV tiene "ángel", según las versiones modernas y los comentaristas, la palabra realmente es "águila".

12

Apocalipsis
Capítulo 9

El águila del capítulo 8 pronunció tres "ayes", tres desastres sobre la tierra. Uno pensaría que los estragos de las primeras cuatro trompetas ya eran sumamente grandes, pero lo peor todavía está por venir. Hasta aquí los desastres han sido "naturales", pero ahora se desatan poderes del abismo, demoníacos.

Del cielo viene una "estrella", seguramente un ángel (como Apocalipsis 1.20), y recibe la llave del abismo (ver nota 1). Del abismo salen algunas criaturas extrañas. Juan los llama "langostas", aunque según su descripción, no son en nada semejante a las langostas que conocemos.

1/ ¿Qué aspecto de su aparencia le llama más la atención a usted? ¿Por qué?

Por ser seres demoníacos, es muy posible que nadie en la tierra los podrá ver, tal como nosotros no podemos ver a ángeles o a demonios (ver nota 2).

2/ ¿Qué límites tienen en su actuación?

3/ ¿Cómo afectan a la gente?

El primer "ay", entonces, es un período de intensa tormenta diabólica. Pero, según Juan, "todavía faltan dos" (v. 12).

Este segundo "ay", convocado por la sexta trompeta, aumenta aun más el tormento. La orden que viene desde el trono al sonar la trompeta es "soltar los cuatro ángeles".

4/ ¿Qué nos dice acerca de ellos el hecho de que están atados?

Vemos que los cuatro ángeles tienen bajo su mando una cantidad enorme de "soldados". Su tarea es la matanza, aunque según Juan, el daño viene de parte de los "caballos", no de sus jinetes.

Juan destaca de nuevo que es una "visión", y que en ella ve lo que llama "caballos".

5/ Sin embargo, ¿cómo sabemos que son *más* que caballos?

Las "langostas" atormentan a la gente; los "caballos" directamente matan.

6/ ¿Cómo reacciona la gente frente a estas calamidades?

Varias veces Juan menciona "la tercera parte" cuando habla de la visión de las trompetas. Es una figura enorme. ¿Podemos imaginar como quedaría una ciudad con la tercera parte de los habitantes muertos? El desastre es vasto y profundo, pero no es "el" fin todavía.

Notas

1 - "A*bismo*". El término utilizado para describir la prisión donde están demonios y ángeles caídos (Lucas 8.31). Satanás mismo estará encerrado en el abismo (Apocalipsis 20.1-3).

2 - "A*badón, Apolión*". Abadón es una palabra hebrea y Apolión griega. Ambas significan "destructor". Fuera de este versículo, este ser no aparece en la Biblia.

13

Apocalipsis

Capítulo 10

Como en el caso del séptimo sello, Juan tiene una visión de eventos "intermedios" antes del sonido de la séptima trompeta.

Desde el capítulo cuatro hasta ahora Juan ha mirado desde el cielo; ahora, aparentemente, está de nuevo en la tierra. Ve descender a un ángel, un ángel fuerte (tal vez el mismo que vimos en Apocalipsis 5.2).

Normalmente pensamos en los ángeles como parecidos a un hombre (¿y no mujer?) vestido de blanco (¿y siempre rubio?). Pero este ángel es otra cosa.

1/ Describa lo mejor que pueda a este ángel.

Pero la visión del ángel también nos enfrenta con tres misterios. Grita, pero no sabemos que dice; tiene un rollo en la mano, pero no sabemos que contiene; hablan siete truenos, pero no sabemos su mensaje. ¡Obviamente el libro de Apocalipsis no nos revela todo!

2/ Sin embargo, ¿qué nos sugieren los siguientes versículos en cuanto a los truenos? ¿En que ocasiones suenan? Salmo 29.3-0; Apocalipsis 8.5; 11.19; 16.18.

3/ El ángel fuerte hace un juramento (ver nota 1).

    a/ ¿Cuándo, normalmente, se hace un juramento?

b/ ¿Qué, en esencia, jura este ángel?

c/ ¿Para quién es el mensaje de este ángel?

En la mano del ángel hay un rollo (manuscrito) pequeño. No sabemos qué contiene, aunque hay mucha especulación de parte de los comentaristas.

4/ ¿Qué nos sugieren Jer 15.16 junto con Ezequiel 3.1-3 en cuanto a este rollo?

Si bien una palabra que viene de Dios es dulce (Salmo 19.9, 10; Salmo 119.103), para Juan esta palabra llega a amargarle el estómago.

5/ ¿Qué sugiere esto en cuanto al contenido del mensaje?

Juan recibe el mandato de seguir profetizando. Su tarea no ha terminado todavía, "el" fin todavía no llega con la séptima trompeta (ver nota 2).

6/ En muy pocas palabras, ¿cuál le parece que es el mensaje del capítulo 10 para las iglesias?

Notas

1 - "*Tiempo*". Los comentaristas sugieren que "no habrá más demora" es una manera mejor de traducir la última parte del versículo. Note que el v. 7 comienza con "Sino que...".

La BA y BJ traducen "que ya no habrá dilación" y la NBE "se ha terminado el plazo".

2 - "En los días" (RV). La BE da una traducción que es más bien una interpretación. Literalmente dice "en (durante) los días de la voz del septimo ángel..." Es decir, "el" fin no viene con la séptima trompeta, sino durante esa época, "en esos días".

14

Apocalipsis

Capítulo 11

La primera parte de este capítulo (vv. 1-14) es una de las porciones más difíciles del libro.

El "problema" es que hay dos maneras de interpretar esta escena y los eruditos están bien divididos entre sí. Una línea de interpretación ve literalmente el templo reconstruido en Jerusalén (cuando Juan escribió, el templo no existía. Ya había sido destruido, Marcos 13.2); también ve dos profetas literalmente. La otra línea de interpretación "espiritualiza" todo o una buena parte del pasaje, y ve al templo como el pueblo de Dios, los testigos como los mártires, y la ciudad como el mundo sin Dios.

Sin embargo, a pesar de que el pasaje nos enfrenta con cierta ambigüedad, interpretarlo en el sentido simbólico requiere *mucha* imaginación y es sumamente difícil encontrar una armonía entre sus diferentes partes (Nota 1). Vamos a verlo, entonces, tal como lo presenta Juan.

El ángel da una caña a Juan para medir el templo. Pero solamente la parte interior, excluyendo el patio exterior, el de los gentiles. Que sea literal o no la referencia al templo, es claro que Juan destaca un grupo de fieles, que posiblemente es el remanente de judíos mencionado en Romanos 11 (o los de Apocalipsis 7).

1/ Según los vv. 2 y 8, ¿cómo es la ciudad? (Note también Isaías 1.10)

A esa ciudad Dios envía dos "profetas". No conocemos su mensaje; solamente vemos que se visten en la forma tradicional de los profetas (Marcos 1.6).

2/ ¿Que poder tienen los profetas?

El Señor dice que ellos han de profetizar durante "mil doscientos sesenta días", que es el mismo período de los 42 meses del v. 2 (ver nota 2).

Juan dice que los dos profetas son "olivos" y "candelabros". Ya vimos lo que puede simbolizar la figura "candelabro" en el capítulo uno. Pero el concepto de "olivos" parece surgir de la profecía de Zacarías.

3/ Si es así, ¿cómo nos ayuda Zacarías 4.1-3 y 11-14 a identificar a estos dos profetas?

Esta es la primera referencia a la "bestia" o "monstruo" en Apocalipsis. Hemos de ver más de él en el capítulo 13. Algunos sugieren que es el mismo "rey" de 9.11.

Todos los canales de TV de la tierra llevan noticias de la matanza, y el mundo entero mira a los dos cadáveres.

4/ ¿Por qué hay tanto interés en ellos y tanta alegría al verlos muertos?

La alegría del mundo se torna en asombro y miedo cuando "los noticieros" captan la resurrección de los dos testigos (ver nota 4). Y frente a sus ojos la misma ciudad se sacude por un terrible terremoto.

Juan no nos da indicaciones acerca de cuándo ocurre esta escena, aunque la impresión es que es poco antes de "el" fin.

5/ ¿Le parece que las personas que "alaban a Dios" en el v. 13 se han convertido, o no? Explique su respuesta.

6/ ¿Cuál puede haber sido el propósito de Dios al enviar estos dos profetas?

Hay mucha especulación entre los comentaristas acerca de la identidad de los dos profetas (sugieren, por ejemplo, que son Moisés y Elías), pero no hay duda de que son seres muy especiales. Su poder (fuego de su boca) y su resurrección indican que tienen dones especiales.

Juan dice que ya pasó el segundo "ay", pero que todavía falta uno. Y al decir esto, se toca la séptima trompeta.

Con la séptima trompeta se anuncia "el" fin... aunque todavía no llega. Como hemos visto en el caso de los sellos, se cierra un ciclo, pero todavía viene otro. Hay repetición, pero también aumenta la intensidad de los eventos.

Después de las tragedias de las trompetas, desde el cielo se pronuncia la victoria.

7/ En esencia, ¿cuál es el mensaje en cuanto a:

a/ el reino de Dios?

b/ la gente sin Dios?

c/ los creyentes?

El capítulo termina (v. 19) con el mismo estruendo que anunciaron las siete trompetas. Ahora vienen las siete copas, aunque antes tenemos otro interludio con varias escenas significantes.

Notas

1 - La desventaja de tener 10 comentarios bíblicos sobre Apocalipis a disposición de uno es que a veces todos tienen una opinión diferente sobre un pasaje en particular. Este pasaje es un buen ejemplo.

2 - "42 *meses*". Es un período que encontramos varias veces en las Escrituras. Los 1260 días son 42 meses, que son tres años y medio, o para decirlo según la costumbre hebrea "un tiempo, dos tiempos y la mitad de un tiempo". Los eruditos llaman la atención a que es la mitad del tiempo de la tribulación indicada en el libro de Daniel (Daniel 9.27). El mismo período se menciona en Apocalipsis 12.6, 12.14 y 13.5.

En Lucas 21.24 este período se designa como el tiempo durante el cual los paganos dominan a Jerusalén (ver las notas en su Biblia referente a este versículo).

En este caso, no son necesariamente 42 meses literales. Como consecuencia, muchos comentaristas piensan que simplemente representa un "tiempo limitado", un tiempo de persecución.

4 - "Tres días y medio". Es llamativo que predicaron durante tres años y medio, y resucitaron después de tres días y medio. Otra sugerencia que implica que la figura es más bien simbólica.

Apocalipsis
Cuarta división principal
Capítulos 12-14

Si bien hemos tenido problemas de interpretación con los primeros capítulos de Apocaplisis, lo que nos enfrenta ahora es la parte más difícil.

Ya se tocó la séptima trompeta. Se ha proclamado el Señorío de Dios sobre el mundo. Se acerca el gran juicio de Dios. Pero antes, como en el caso entre los sellos y las trompetas, aparece una serie de visiones sin clara ubicación en la historia.

En el capítulo 12 aparece una mujer... que es una *señal*. Y es importante recordar que una señal apunta a una verdad. Es un instrumento didáctico.

Lo que vemos en Apocalipsis son figuras que Juan vio en visiones. Cada escena de Apocalipsis revela algo que Dios quiere mostrar a sus iglesias, pero en muchos casos, no son realidades que hemos de ver literalmente en el cielo, sino figuras y señales de esas realidades.

Es improbable, por ejemplo, que Satanás tenga la forma de un dragón. Y de la misma manera la mujer de Apocalipsis 12 *representa* una verdad, y no la hemos de ver en el cielo.

Identificar estas figuras y señales es uno de los desafíos (y causa de polémica) más grandes de este libro.

15

Apocalipsis

Capítulo 12

En el capítulo 12 tenemos un vistazo amplio de la primera venida del Mesías y las consecuencias de su nacimiento. La visión ayuda a una iglesia que enfrenta la persecución a comprender su lugar en la historia de Dios.

Los tres personajes principales de este capítulo son una mujer, su hijo y el dragón.

Aunque la iglesia Romana sugiere que la mujer representa a María, la madre de Jesús, los detalles acerca de ella apuntan más bien a Israel (ver nota 1).

1/ ¿Cuáles evidencias del capítulo sugieren que la mujer representa a Israel?

2/ ¿Qué evidencias afirman que su hijo es el Mesías (ver Salmo 2.9)?

La mujer es una señal, es decir, lo que Juan vio era una dramatización de la historia. Y vemos que en forma general, lo que Juan describe concuerda bien con la historia de Israel que conocemos (ver nota 2).

El tercer personaje de este capítulo es impresionante. Sus coronas (*diadema*, corona de un rey o príncipe), sus cuernos (símbolos de poder) y el hecho de que pudo hasta arrastrar estrellas, señalan a un ser temible.

Los comentaristas nos llaman la atención a Daniel 7.7, 8 y 24 donde se describe una bestia que aparecerá. En los tiempos de Juan, el representante principal del monstruo era el Imperio Romano. Otros "imperios" le han servido en diferentes momentos de la historia (un ejemplo recientes es la Alemania de Hitler).

3/ Según este capítulo, ¿que hizo, y qué hace, el dragón?

La referencia a la guerra (batalla) en el v. 7 ilustra lo que las Escrituras mencionan varias veces. El drama de la redención, de la liberación, no se limita a la tierra, sino que tiene aspectos cósmicos. Pasajes como este, y otros como Colosenses 1.26 y 2.15 hablan de una victoria sobre poderes celestiales logrado por la cruz.

4/ Según Daniel 10.13; 12.1 y Judas 9, ¿quién es Miguel (v. 7)?

De acuerdo con este capítulo, y pasajes como Juan 12.31, Satanás fue expulsado del cielo y su actuación limitada a la tierra como consecuencia de la cruz.

5/ ¿Cuáles son las implicaciones del hecho de que Satanás (palabra que quiere decir "el adversario") fue expulsado del cielo y arrojado a la tierra?

El resultado de esa batalla se proclama con una voz fuerte en el cielo.

6/ ¿Por qué, según esa exclamación (vv. 10-12),
   a/ los cielos han de alegrarse?

b/ la tierra ha de lamentarse?

Es llamativo, en los vv. 13-16, que el dragón dirige sus ataques en dos frentes: contra la mujer y contra sus "descendientes".

Esta figura de la mujer aparece solamente aquí en Apocalipsis. Vemos que es llevada al "exilio", y que Satanás no la puede destruir. Solamente dice que al no poder acabar con la mujer, dirige sus ataques a su "descendencia" (ver notas 3 y 4).

7/ ¿Cuál puede ser el mensaje de este capítulo para la iglesia de hoy?

Notas:

1 - "*La mujer*". Muchos comentaristas piensan que la mujer en el v. 5 representa a Israel, mientras en el v. 13 representa a la iglesia. Pero el relato no exige tal "transformación". Si es cierto que Israel juega un papel importante en los últimos tiempos (tema que ya hemos tocado), entonces los vv. 13 a 17 fácilmente se aplican a este pueblo. Sus "decendientes", en este caso, somos nosotros.

2 - "*Mil doscientos sesenta días*". Es llamativo que este es el mismo período indicado en 11.2. Es decir, que el tiempo durante el cual los gentiles "pisotean la ciudad santa" (1.12) es el mismo tiempo que la mujer pasa en el desierto. Muchos piensan que los tiempos concuerdan, aunque Juan no lo dice.

3 - "*...y luego la mujer huyó...*" Aunque muchos comentaristas cambian la figura de la mujer en el v. 6 de Israel a la iglesia, tal cambio es un poco arbitrario. Porque sabemos que Israel fue quitado de su tierra, y estuvo en el "desierto" hasta hace muy pocos años. Aunque es cierto que la iglesia ha sido objeto especial de la persecución de Satanás, los judíos han recibido golpes extremamente duros durante su historia de "exilio". Por ser el primer pueblo de Dios, "la madre" del Mesías, y el pueblo que reconocerá de nuevo a su Mesías, es objeto especial del odio de Satanás.

4 - El v. 17, especialmente, implica que la mujer es Israel, y sus "descendientes" (Ro 4.16; Gálatas 3.7) forman la iglesia. Habla, por ejemplo, de los que son "fieles al testimonio de Jesús". La iglesia se forma de judíos y gentiles que se comprometen con el Mesías de Dios, el Mesías prometido a Israel.

16

Apocalipsis

Capítulo 13

Hay una expresión al final del capítulo 12 que algunas versiones ponen como el principio del capítulo 13. Es, según la Biblia de Estudio:

> Y *el dragón se plantó a la orilla del mar*.

Aunque algunas versiones antiguas dicen "Yo me paré", la expresión de arriba parece la más exacta.

Tenemos, entonces, en el capítulo 13 una "trinidad", una trinidad malvada. El dragón; su "cristo", es decir, su agente especial enviado a la gente del mundo, el que nosotros llamamos el "anticristo" (ver nota 1); y el portavoz del anticristo. La atención del dragón se enfoca ahora en la descendencia de la mujer, la iglesia.

Si Jesucristo es "la imagen visible de Dios" (Colosenses 1.15, BE), de la misma manera el monstruo que sube del mar es la imagen misma del dragón.

1/ Indique en cuáles maneras la primera bestia es el "cristo" del dragón (Satanás), su misma imagen.

2/ ¿Cuál es la obra de la bestia?

3/ ¿Por qué toda la humanidad sigue y adora a la bestia?

Muchos de los primeros lectores del Apocalipsis hubieran identificado la bestia con Roma, y su culto al Emperador. Sin embargo, la descripción de Juan va mucho más allá de cualquier gobierno humano conocido.

En el v. 7 encontramos la tercera vez que la maldad "vence" (ver 6.2 y 11.7) en Apocalipsis. Hay muchos lugares del mundo actual donde, aparentemente, Satanás ha vencido. Aunque Apocalipsis 13 describe una situación donde el dominio visible de Satanás será global, sin excepción (ver notas 2 y 3).

4/ Sin embargo, ¿qué indicación hay en estos versículos de que el pueblo de Dios no se aparta de su Señor, a pesar de sufrir gran oposición?

Note que la versión RV traduce el v. 10 de una manera diferente a las otras versiones (por ejemplo, BE, NBE, BA y BJ).

"Aquí se verá la fortaleza y la fe del pueblo santo" (BE)

"Aquí está la paciencia y la fe de los santos." (RV)

5/ Para el final de ese versículo, ¿cuál de las dos posibles versiones le parece mejor? ¿Por qué?

El segundo monstruo

Note que esta segunda bestia no llama atención sobre sí misma, sino que glorifica a la primera. La primera ostenta poder; la segunda tiene cuernos de cordero, aunque habla como el dragón (ver nota 4).

6/ ¿De cuáles maneras este segundo monstruo demuestra poder?

Si bien la primera bestia parece representar una autoridad mundial, secular, la segunda parece ser la autoridad religiosa. Es impresionante cómo las dos (lo secular junto con lo religioso) concuerdan en sus propósitos.

Tal como el Señor puso un sello en los suyos (7.3), Satanás ahora hace lo mismo. Era común en aquellos tiempos asignar números a letras (como, por ejemplo, a=1, b=2, c=3, etc.). Y a menudo hacían referencia a nombres utilizando números (ver nota 5).

Casi no hay versículo en la Biblia que haya sido más analizado e interpretado que el v. 18. Durante los siglos han aparecido una lista interminable de interpretaciones del número 666 (ver nota 6). Es posible que los primeros lectores del Apocalipsis comprendieran su significado; pero también es claro que nosotros no podemos saberlo a esta altura de la historia.

Pero, en un sentido, el significado del número no es tan importante. Lo importante son las consecuencias del sello para los creyentes. (Note el paralelo entre 7.3 y 13.16.)

7/ ¿Qué significa la imposición del sello para los creyentes?

8/ En resumen, ¿que piensa lograr Satanás por medio de estos dos monstruos?

Un gobierno universal, una "religión" universal, un mundo unido por primera vez en la historia. Pero como vamos de ver, es simplemente una parodia, una imitación destinada al fracaso del reino universal del Mesías.

Notas

1 - "*Anticristo*"- Aunque Juan no utiliza este término en Apocalipsis, es el único que lo utiliza en sus escritos (1 Juan 2.18, 22; 4.3; 2 Juan 7). "Anti" indica "contra". Es decir, el anticristo es el que se levanta para oponerse al Cristo y su pueblo.

Aunque no encontramos este nombre en otras partes del Nuevo Testamento fuera de las cartas de Juan, Pablo escribe acerca de un "hombre de pecado". Hay indicaciones claras de que en los últimos tiempos aparecerá un personaje clave con mucho poder, quien abierta y efectivamente luchará contra Dios y su pueblo.

Los comentaristas están de acuerdo de que la primera bestia de Apocalipsis 13 representa ese personaje.

2 - "*Cuarenta y dos meses*". De nuevo encontramos el mismo período de tiempo delimitado. Juan no indica si los tiempos concuerdan, pero es muy posible que se refieran a un mismo período de testimonio y persecución.

No será la "gran tribulación", ya que lo peor todavía no ha llegado.

3 - "*Dominio*" - Por primera vez en la historia del mundo el Anticristo logra lo que muchos han soñado e intentado: el dominio de *todo* el mundo.

4 - "*Cordero*". La descripción de la segunda bestia nos hace pensar en 2 Corintios 11.14. Es la versión satánica del cordero de Dios.

5 - "*Número*". Un comentarista cita una inscripción descubierta de esa época que dice: "Yo amo a la muchacha cuyo nombre es 545."

6 - Las interpretaciones acerca de su significado han incluído nombres como: Nerón, el Papa, Martín Lutero, Napoleón, Hitler, etc. A esta altura de la historia, asignar un nombre al número es simplemente especulación.

17

Apocalipsis

Capítulo 14

Es importante recordar de nuevo la estructura del libro de Apocalipsis 6 a 22. Dominan las tres series de siete (sellos, trompetas, copas). Pero entre ellas hay escenas "intermedias" que no siguen un orden definido. Son vistazos de los eventos relacionados con el "fin", pero no vemos el fin verdadero hasta el capítulo 15.

En Apocalipsis 14 aparece de nuevo el Cordero, aunque esta vez sobre el monte Sión, junto con 144 mil personas. "El Monte Sión" es una de las colinas sobre las cuales fue edificada la ciudad de Jerusalén. Pero justamente por esta razón, la ciudad misma se llama "Sión" en muchos pasajes de la Biblia (como, por ejemplo, Mateo 21.5 y 1 Pedro 2.6).

De la misma manera Hebreos 12.22 sugiere que la nueva Jerusalén (que baja a la tierra desde el cielo, Apocalipsis 21.2) también puede llamarse "Sión". Pero también de Apocalipsis 21 vemos que la ciudad baja a la tierra desde el cielo.

Como consecuencia, los comentaristas están divididos si la escena está en el cielo, o en la "nueva creación" sobre la tierra (Apocalipsis 21.1). Aunque no es tan importante que decidamos el lugar. Más importante son las personas. Note que ellas son selladas, tal como los seguidores de la bestia son sellados (13.16).

1/ Describa en sus propias palabras cómo tenían que haber sido esas personas.

El número 144 mil sugiere algo completo, aunque la descripción "primicias" (RV) o "primera ofrenda" (BE) sugiere otra cosa.

2/ ¿Qué sugiere?

Los comentaristas están divididos entre la opinión de que si estos 144 mil son los mismos que los del capítulo 7, u otros. Ahora, una pregunta difícil:

3/ ¿Cómo afecta nuestra interpretación de Apocalipsis si:

a/ los grupos del capítulo y este capítulo 7 son los mismos?

b/ no son los mismos?

Una de sus características es que son "vírgenes". Es importante aquí recordar lo que ya vimos. La Biblia a menudo describe la relación entre Dios y su pueblo como una relación esposo-esposa. Seguir a otros dioses es considerado como "adulterio". En este caso, Juan destaca que los 144 mil no han cedido frente a la bestia. Se han mantenido fieles al Cordero (ver nota 1).

Apocalipsis 14.6-13

Tres ángeles, con tres mensajes. El primero lleva un "evangelio", es decir, una buena noticia (ver nota 2).

4/ ¿Le parece que el mensaje del ángel es una "noticia feliz"? ¿Para quién será "buena" la noticia?

El segundo ángel trae la noticia que será ampliada en los capítulos 17 y 18. Trata de Babilonia, la "gran" ciudad, famosa en el mundo antiguo por su corrupción. Para la iglesia naciente, "Babilonia" era Roma, a la que Pedro se refiere seguramente en 1 Pedro 5.13.

**5/ ¿Por qué, específicamente, cae el juicio de Dios sobre esa ciudad? Note
  también Jer 51.7.**

El tercer ángel directamente anuncia el juicio final.
6/ ¿Para quiénes será?

a/ ¿Quiénes estarán presentes?

b/ ¿Que duración tendrá?

c/ ¿Que motivo tendría Juan para incluir este tema aquí?

Apocalipsis 14.14-20

El capítulo termina con dos "cosechas" (ver nota 3). La primera es de parte de uno
como "hijo de hombre" (ver 1.13), con una corona real sobre su cabeza. Recibe una orden desde el templo por intermedio de un ángel para comenzar la cosecha, porque

está madura (ver Juan 4.35).

7/ ¿Que agregan Mateo 13.30, 13.36-43 y Marcos 13.26, 27 a esta escena?

La segunda cosecha tambien refleja imágenes de partes anteriores de la Biblia, pero especialmente del Antiguo Testamento.

8/ ¿Qué agregan los siguientes pasajes al cuadro que nos pinta Juan? Isaías 63.3, Lamentaciones 1.15.

Cuando Juan describe la sangre que salió del "recipiente que se usa para exprimir-las"(BE), hay que recordar que *simboliza* la ira de Dios (v. 19).

9/ ¿Cuál debe haber sido el propósito de Juan al describir la sangre de una manera tan exagerada?

En las diferentes descripciones de los últimos días que encontramos en la Biblia, a veces es el Señor que actúa, y otras veces los ángeles. En esto no hay confusión, porque sabemos que el Señor actúa junto con los ángeles que son sus siervos.

Con este capítulo concluyen las escenas que nos llevan al final, y con el capítulo 15 Juan anuncia las siete copas, con las cuales llega a su fin la ira de Dios.

Notas

1 - "*Vírgenes*". Las escrituras de ninguna manera dicen que el matrimonio y la relación sexual de la pareja es pecado o "contaminación". Al contrario, Pablo en 1 Corintios

7 recomienda el casamiento para evitar el sexo *ilícito*. El sexo no es un "problema" excepto en los casos de relaciones extramatrimoniales y adulterio.

2 - "*Evangelio*". Aunque la Reina Valera tiene "el evangelio", el texto griego original no tiene "el". Es simplemente *un* "evangelio". Se refiere, entonces, al mensaje del v. 7 y no al evangelio de Jesucristo.

3 - "*Cosecha*". Los comentaristas están divididos sobre este pasaje. Algunos piensan que las dos cosechas son una sola, de juicio. Pero he separado las dos por estas razones:

La figura de la cosecha de granos en el Nuevo Testamento siempre habla del grano que el Señor recoge y es para él (Marcos 4.29). Es cierto que separa lo malo de lo bueno, pero de todos modos, se cosecha el grano bueno.

Pero cuando la Biblia habla de la cosecha de uva, casi siempre es para juicio. Por estas razones prefiero tomar las dos como cosechas diferentes.

Apocalipsis
Quinta división principal
Capítulos 15 y 16

Llegamos al tercer ciclo de siete, el de las siete copas. Los tres ciclos son parecidos, sin embargo, se distinguen entre sí.

Son parecidos en que los tres terminan en lo que parece ser el fin de todo. Primeramente, los tres sellos terminan con una visión del fin del mundo (6.12-17) y la bendición de los santos (7.9-17). Luego, las trompetas terminan con la proclamación de que el Mesías ya comienza a reinar (11.15-18). Sin embargo, no es "el" fin todavía.

A la vez notamos que los primeros dos ciclos afectaban a *una parte* de la humanidad. Pero ahora el juicio es completo, viene *el* fin, y termina con el juicio final.

En el estudio de estos capítulos hemos de ver otras maneras en que los tres ciclos se distinguen.

18

Apocalipsis

Capítulos 15, 16

Aparece en el cielo la señal de *el* fin: las siete copas. Son las últimas calamidades, las plagas postreras.

La escena parece ser la misma que el capítulo 4, ya que habla del mar semejante a vidrio, y el canto es para el Dios eterno.

Esta es la cuarta vez que vemos a un grupo de redimidos en el cielo.

1/ Identifique brevemente, en lo posible, a cada grupo:

a/ 6.9

b/ 7.9

c/ 14.3

d/ 15.2

Juan dice que ellos son los que habían alcanzado la victoria sobre la bestia. La bestia hubiera pensado que la victoria era suya, porque los destruyó. Sin embargo, la verdadera victoria es para los que resisten hasta la muerte, que no ceden frente a Satanás y prefieren morir como siervos de Jesucristo.

Estos redimidos cantan una canción que tiene raíces en el cántico de Moisés.

2/ Busque Éxodo 15.

a/ ¿Cuál es, en esencia, el mensaje del cántico de Moisés?

b/ ¿Cuál es, en esencia, el mensaje del cántico de Apocalipsis 15?

La referencia al templo en el cielo es algo extraño. En parte, porque Dios no necesita un "templo" (Hechos 7.49), y en la nueva ciudad de Dios, él mismo es su santuario (Apocalipsis 21.22). Sin embargo, hay muchas cosas extrañas en el cielo desde nuestra perspectiva humana (ver nota 1).

3/ La entrega de las siete copas es un evento de enorme magnitud. ¿Cuáles son los elementos de esta descripción que remarcan su importancia?

"La copa de la ira de Dios" es un tema que aparece numerosas veces en el Antiguo Testamento. Un pasaje típico es Salmo 75.8.

Los comentaristas notan los paralelos entre las plagas y las siete copas. También, si comparamos la visión de las siete trompetas con la de las siete copas, vemos que tienen mucho en común.

4/ A continuación, haga una comparación entre las dos.

Las trompetas afectan: **Las copas afectan:**

Primera

Segunda (ver nota 2)

Tercera

Cuarta

Quinta

Sexta

Séptima

Como ya dije, hay cierta repetición en los tres ciclos de eventos. Repetición, pero también diferencias importantes. En el caso de los sellos, no sabemos el alcance del daño.

5/ Pero no es así con los otros dos.

    a/ ¿Cuál es el límite del daño causado por las trompetas?

    b/ ¿Cuál es el límite del daño causado por las copas?

6/ ¿Cuál habrá sido el propósito de Dios al enviar esta destrucción? ¿Era realmente necesaria?

7/ ¿Está de acuerdo con el canto del ángel en los vv. 5 y 6? ¿Es aceptable la "sangre por la sangre"?

Los vv. 13 a 16 describen la preparación para el enfrentamiento que tiene su desenlace en el capítulo 20. De la "trinidad inmunda" (ver nota 3) salen tres espíritus (demonios) para juntar a los poderosos de la tierra (ver nota 4).

8/ En el v. 15 encontramos la tercera "bienaventuranza" del Señor (la BE dice "dichoso").

    a/ ¿Cuáles son las dos primeras?

    1.3

14.13

b/ ¿Cómo entiende usted esta expresión (Apocalipsis 16.5)?

Los resultados de la séptima copa son contundentes. ¿Puede imaginar cómo sería vivir en la tierra en ese momento? Y lo sorprendente es que la gente reconoce porqué vienen tales calamidades, sin embargo, no se vuelve a Dios (ver nota 5).

Sale una voz desde el trono que seguramente es la voz misma de Dios.

9/ Dice "¡Ya está hecho!" ¿Qué está hecho?

Todo el escenario está preparado ya para el final de la historia, para el "grande y terrible" día del Señor. Pero antes se le detalla a Juan la suerte del trono del dragón, la "gran ciudad". Para una iglesia acosada por la persecución del dragón, Juan afirma que Dios "recordó" a Babilonia, que su fin merecido ya se acerca.

Notas

1 - *"Tabernáculo"*- Es llamativo que el Tabernáculo que Moisés construyó en el desierto seguía un plan revelado por Dios, una copia de algo del cielo. Note Éxodo 25.40 y Hebreos 8.5.

2 - *"Sangre"* - es muy posible que no se refiera literalmente a sangre humana (la frase literal es "como la sangre de un hombre muerto), sino a algo parecido, feo, imposible de beber.

3 - *"Falso profeta"* - Esta es la primera vez que Juan habla de este profeta, pero Juan no explica quién es. Lo más probable es que sea el tercer miembro de la "trinidad inmunda" que vimos en el capítulo 13, el portavoz del primer monstruo.

4 - "*Armagedón*" - Es una palabra hebrea que significa colinas, o monte de Meguido. En las llanuras próximas a esa ciudad ocurrieron algunas de las batallas más famosas de la historia de Israel.
5 - "*Ciudades*" - La referencia directa es a Babilonia, pero Juan, por lo menos, hubiera pensado en Roma como "la gran ciudad". Algunos comentaristas piensan que es Jerusalén, aunque en 11.13 Jerusalén fue partida en dos, y es improbable que se refiera a ella.

Apocalipsis
Sexta división principal
17:1-20:15

Los sellos, las trompetas y las copas han hecho su destrucción. Ya no hay más plagas y hemos llegado al fin de los tiempos. Ahora nos tocan escenas de la victoria final y el juicio de Dios.

19

Apocalipsis

Capítulo 17

Desde una perspectiva, la visión de este capítulo no es tan difícil. Una mujer sentada sobre un monstruo (bestia) a quienes el pasaje identifica. Pero cuando llegamos a los detalles, especialmente la "explicación" del ángel en el v. 7, nos complica el panorama. Pero vamos por partes.

En el Antiguo Testamento la ciudad que simbolizaba la maldad era Babilionia, y tanto Isaías (caps. 13 y 14) como Ezequiel (caps. 50, 51) hablan de su juicio. La ciudad fue destruída en el año 312 antes de Cristo y sólo existían ruinas en el tiempo del Nuevo Testamento.

Ya que la Babilonia del Antiguo Testamento no existía en la época durante la cual fue escrito el Nuevo Testamento, para los primeros cristianos su "Babilonia" era Roma, imagen de la maldad (ver nota 1 y el v. 18). Muchos comentaristas piensan que también representa la sociedad, la "gran ciudad" que controla las vidas de la gente en el mundo moderno.

1/ En cuanto a esa mujer (ciudad):

a/ ¿Qué características de ella parecen atractivas para la gente?

b/ Pero ¿cómo es, realmente?

En muchos pasajes del Antiguo Testamento Dios acusa a su pueblo de ser adúltero (Jer 13.27 y Oseas 2.2 son ejemplos) porque seguía a otros dioses.

2/ Pero a esta mujer se la llama "prostituta" (qué no es necesariamente lo mismo que "adúltera"). ¿Por qué?

La mujer está montada sobre un monstruo (bestia) y el ángel ofrece una explicación de su significado. Pero esta explicación nos presenta con uno de los pasajes más difíciles de interpretar de este libro. Aunque se han escrito volúmenes sobre las posibles maneras de interpretar a los vv. 9-13, nadie está en condiciones de aclarar su significado con seguridad. A esta altura no es posible identificar a los reyes (reinados) terrenales (ver nota 2).

La solución más simple es ver que la mujer representa la "gran ciudad" que durante épocas ha dominado la vida de la gente (ver nota 3), y que es la bestia, el poder satánico, que le permite dominar. Juan agrega en el v. 9 que "es para una mente que tiene sabiduría", que implica que era difícil aún para ellos.

3/ ¿Cuáles evidencias encontramos en el capítulo que demuestran que el monstruo representa un ser diabólico?

4/ Vimos (aparentemente) a este mismo monstruo en el capítulo 13. ¿Qué representaba en esa visión?

5/ ¿Que relación tiene el monstruo con los reyes terrenales?

Notemos dos cosas. Primero, los "reyes" (o reinados) son futuros (v. 12). Juan no dice cuándo han de aparecer. Son ellos los que entrarán en el conflicto final contra el Cordero.

Segundo, tres veces en los vv. 8-11 Juan remarca que alguna vez la bestia vivía; en este momento no estaba, pero iba a regresar. En esa última aparición, caminaba hacia su destrucción final.

Apenas dos veces vemos mención de la iglesia en este capítulo, aunque ambas referencias son significativas.

6/ ¿Cuáles dos realidades afirma este pasaje acerca de la iglesia?

a/

b/

Lo sorprendente es el fin de la mujer. Aunque los profetas sugieren algo parecido (ver Hageo 2.22 y Zacarías 14.13).

7/ ¿Cómo es el fin de la mujer?

a/ ¿Por qué se llega a ese extremo?

El pasaje también menciona la destrucción final de las fuerzas que se oponen al Cordero, pero no veremos esa victoria hasta el capítulo 19.

Notas

1 - *"Babilonia"*. Roma estaba edificada sobre siete colinas, y aunque nunca aparece el nombre "Roma" en Apocaplisis, claramente es el enemigo principal de la iglesia naciente.

2 - *"Reyes"*. La mayoría de los que intentan identificar a estos reyes buscan entre los emperadores de Roma. El problema es que la descripción de Juan y la lista de emperadores realmente no coinciden. Tal vez una solución más adecuada sería considerarlos como reinados, como Babilonia, Asiria, Persia, etc. En este caso el octavo sería el imperio final del anticristo. Simplemente, no hay una solución fácil para este pasaje.

3 - Si combinamos el v. 1 (sentada sobre las aguas) con el v. 15, nos damos cuenta que ella domina al mundo entero. Y es notable que el comenzar un nuevo siglo, vemos cómo aumenta la concentración de poder y riquezas en las manos de un grupo cada vez mas reducido. A esta altura de la historia, no es extraño visualizar a un poder que tiene todo el mundo bajo su dominio.

20

Apocalipsis

capítulo 18

"¡Ya cayó, ya cayó la gran Babilonia!"

Con este grito de triunfo vemos el final de la arrogante "civilización" humana, encarnada en Babilonia, Roma, Nueva York y centenares de ciudades más. Escuchamos un eco en esta profecía, de las profecías del Antiguo Testamento sobre Tiro, Egipto, Nínive y contra todos los centros de maldad que han existido y existen (ver nota 1).

Surge de estos versículos el cuadro de una ciudad (civilización) rica, poderosa y rodeada de lujos.

1/ Por ejemplo, ¿cuántas veces se la nombra como la *gran* ciudad en este capítulo?

Las grandes ciudades del mundo son los centros de tecnología, pero también las fuentes de la cultura que imita todo el mundo. Los medios de comunicación imponen su cultura sobre todo el planeta.

2/ ¿Cómo se ve la ciudad a sí misma, según el pasaje?

Conviene recordar la descripción de la mujer (la ciudad) en el capítulo anterior.

3/ ¿De qué manera la ciudad "seduce" a los gobernantes de la tierra?

El desplazamiento de la gente de los campos y pueblos hacia las ciudades es una de las características llamativas del siglo 20, y la tendencia aumentará aun más en el siglo 21.

4/ El llamado de la voz del cielo es que el pueblo de Dios debe salir de la ciudad (v. 4)

    a/ ¿Por qué?

    b/ ¿Que quiere decir "salir de la ciudad"?

Los comerciantes del mundo quedan lejos de la destrucción de la ciudad lamentándose.

5/ ¿Por qué se lamentan?

6/ La caída de la ciudad,

    a/ ¿es un proceso o algo repetino?

    b/ ¿Dónde lo dice?

7/ Según el capítulo anterior, ¿de qué mano viene la destrucción de la ciudad?

8/ En resumidas palabras, ¿cómo quedó la ciudad al final?

9/ Haga su propio resumen de este capítulo en no más de 10 palabras.

Notas

1 - Este versículo (17) es una indicación de que "Babilonia" representa más de una sola ciudad.

21

Apocalipsis

capítulo 19

La destrucción de la "gran ciudad" es motivo de regocijo en el cielo. Se ha respondido al reclamo de los mártires (6.10). Escuchamos la voz de una gran multitud, sin saber quiénes son.

1/ Ellos dan gloria a Dios por tres motivos. ¿Cuáles son?

Aunque nosotros utilizamos el término "aleluya" comúnmente (ver nota 1), este pasaje es el único del Nuevo Testamento donde lo encontramos (4 veces). De esta forma se destaca la trascendencia de este momento.

Del trono viene una voz que anima a los siervos de Dios a alabar a Dios, y responde el sonido de una multitud. Anuncian dos eventos trascendentales.

El primero es el anuncio del comienzo del reino de Dios sobre la tierra. El "príncipe" de este mundo (Juan 12.31) y sus siervos ya llegan a su fin (Apocalipsis 20).

El segundo es "las bodas del Cordero" (ver nota 2). Varias veces en el Antiguo Testamento Dios habla de Israel como su "esposa", aunque siempre acusándola de ser una esposa infiel (Oseas 2 es un claro ejemplo).

2/ ¿Cómo entendemos su relación con el *nuevo* pueblo de Dios, según los siguientes pasajes? 2 Corintios 11.2; Efesios 5.23-32. Ver también Romanos 7.1-4 y 1 Corintios 6.17.

3/ A la luz de lo que hemos visto hasta ahora en Apocalipsis, ¿que significa:
　a/ "la esposa se ha preparado"?

　b/ "se le ha permitido (concedido) vestirse..."?

En dos de sus parábolas el Señor compara la salvación final con un banquete de bodas. En ambos, seremos nosotros los creyentes los invitados. Así que somos la esposa, y tambien los invitados (ver nota 3).

Juan se arrodilla frente al ángel, seguramente pensando que una figura tan gloriosa fuera el Señor mismo. Pero se equivoca. Es ángel, y como nosotros, simplemente un siervo de Dios.

Aparece la figura del Cristo en su regreso a la tierra, con todo poder y gloria. Juan describe la escena con una riqueza de detalles (vv. 11-16).

4/ ¿Qué nombres le dan en el pasaje a Jesús?

5/ Note Isaías 63.1-6 y Salmo 2. ¿Cómo nos ayudan estos pasajes a entender los vv. 11-16?

Le siguen a Jesús los ejércitos del cielo. Según vemos, no llevan armas, ni entran en batalla (ver nota 4). La Palabra de Dios no necesita ayuda para cumplir su tarea.

Y tenemos en este mismo capítulo una segunda "cena", totalmente en contraste con la primera. El ángel describe la destrucción de los ejércitos de la tierra con una figura común en el Antiguo Testamento (ver Ezequiel 39.17-20).

La batalla, seguramente, es la misma anunciada en 16.14 y 16. No es, todavía, la "batalla final". Ella se describe en el capítulo 20.

6/ ¿Quiénes organizan esa batalla?

La batalla es corta y brutal. Los ejércitos son eliminados, y el monstruo y su profeta llegan a su final. Solamente en Apocalipsis se habla del "lago de fuego", aunque Jesús habló del mismo en otros términos.

7/ ¿Qué aprendemos de ese lugar según Mateo 10.28 y 25.41; Apocalipsis 20.10, 21.8?

8/ Si tuviera que predicar un sermón sobre este capítulo, ¿qué título daría a su sermón? ¿Por qué?

Los eventos del final de los tiempos no son agradables. Estamos tan acostumbrados al evangelio de esperanza y en el tiempo presente de la expansión del evangelio por todo el mundo, que olvidamos que al final, la mayoría lo rechazará. Y al rechazar el evangelio, rechazan a Dios. Se acerca el día grande y terrible de Dios.

Notas

1 - "*Aleluya*". La palabra realmente es hebrea, y compuesta de dos palabras: *halal* (alabar) y *jah*, (Jehová).

2 - "*Bodas*". En los tiempos bíblicos, el matrimonio se constituía de dos eventos, dos etapas separadas por un período de tiempo. Primero el "noviazgo", el compromiso, cuando los dos hacían un compromiso de fidelidad. Luego el casamiento mismo, que comenzaba con una procesión hacia la casa de la esposa; y luego el banquete en la casa del esposo.

Ya nos hemos comprometido. Falta el banquete.

3 - "*Los invitados*". Es muy común en el lenguaje figurativo usar diferentes figuras para describir una sola realidad. En Juan 10, por ejemplo, Jesús es la "puerta" y el "pastor" a la vez. En Apocalipsis 7.17 es el cordero y el pastor a la vez. Así que no hace falta buscar un significado especial en el cambio de figuras en Apocalipsis 19.7-9.

4 - "*Ejércitos*". La mayoría de los comentaristas opinan que estos son ángeles. Note Marcos 8.38, Lucas 9.26, 2 Tesalonicenses 1.7. Note también Mateo 13.49, 50; 25.31.

Apocalipsis
Septima división principal
Apocalipsis 20 - 22

Llegamos al final del mundo, o por lo menos, el mundo que nosotros conocemos. Ya no hay más plagas. Ya llega el fin de Satanás. Ya llega el juicio final.

¡Pero también llegamos a una de las porciones más discutidas del Apocalipsis! El tema del Milenio (1000 años) ha tenido un sinnúmero de interpretaciones, e históricamente, ha sido causa de conflictos muy serios dentro de la iglesia.

Como manera de simplificación, podemos colocar a los que interpretan el Milenio en dos "campos" generales.

Un campo toma el capítulo 20 como un evento histórico futuro. Es decir, que Satanás será anulado, Cristo reinará durante un tiempo largo, se soltará Satanás, seguirá la última batalla y finalmente el juicio. Esta posición, aunque tiene importantes variantes, se llama "premilenial", implicando que Cristo regresa antes de un milenio literal.

La otra posición importante toma al Milenio como una figura, y no un tiempo futuro literal. Por ejemplo, los "amilenialistas" ven que en el principio del capítulo 20 Cristo viene (por primera vez), ata a Satanás (Mateo 12.29), la iglesia crece durante los siglos (actuales), viene una persecusión final y Cristo regresa la segunda vez para juzgar al mundo. Son "amilenialistas" porque niegan que haya un Milenio literal en el futuro.

Para examinar bien las diferentes posiciones sería necesario escribir un libro entero (los hay). Simplemente aclaro que para el estudio del capítulo 20 hemos de tomarlo tal como viene, es decir, la descripción de un evento futuro.

22

Apocalipsis

capítulo 20

Los dos principales adversarios del pueblo de Dios ya han sido eliminados (Apocalipsis 19.20). Pero el jefe de ellos todavía anda suelto (1 Pedro 5.8).

1/ ¿Que aprendemos de la situación de Satanás según Apocalipsis 12.7, 9, 13? Ver también Lucas 10.18.

Aparece un ángel (¿Miguel? Apocalipsis 12.7) con la autoridad de anular la actividad de Satanás durante el Milenio (ver nota 1).

2/ Note los cuatro "títulos" que recibe. ¿Que implica o significa cada uno? Indique también el pasaje de Apocalipsis donde encontramos ese título.

Nombre/título	Dónde lo vemos en Apocalipsis	Significado
a/ el dragón		

b/ la serpiente antigua

c/ el Diablo

d/ Satanás

Juan nos da muy poca información sobre el Milenio. No dice cómo comienza, y los detalles que ofrece no son obvios (ver nota 2).

Por ejemplo, los vv. 4-6 tienen varios problemas serios de interpretación. ¿Cuántos grupos hay en este pasaje? ¿Quiénes son? ¿Qué de las resurrecciones? Vamos a intentar destrabar estas preguntas, por lo menos en parte. Porque tampoco este pasaje coincide fácilmente con las otras referencias acerca del fin en el Nuevo Testamento. Pero vamos poco a poco.

En el v. 4, aparentemente, hay dos grupos. El primero, los "jueces" con tronos, parece un grupo limitado (aunque no podemos estar seguro ni de esto).

3/ Dos pasajes que podrían indicar su indentidad son Mateo 19.28 y Lucas 22.30. Si es así, ¿quienes son los jueces?

Pero vemos que el segundo grupo también es limitado, según el planteo de Juan.

4/ Según el pasaje:
  a/ ¿Quiénes son?

  b/ ¿Dónde los vimos anteriormente en Apocalipsis?

Algunos piensan que el Milenio será el cumplimiento de profecías del Antiguo Testamento como Isaías 65.20-25 que describe un paraíso futuro. Pero esa posibilidad tiene varios problemas.

Primero, todavía habrá multitudes de inconversos sobre la tierra (20.7, ver nota 3). Se someterán al gobierno del Mesías, pero será por obligación, no por inclinación propia.

Segundo, no existe todavía "el cielo nuevo y la tierra nueva" donde se cumplen las condiciones para tal "paraíso" (también Romanos 8.19-21).

Y *tercero*, el Milenio es un tiempo limitado (aunque parece muy largo para nosotros). Las profecías de un paraíso sobre la tierra dan la impresión que será eterno.

En resumen, el Milenio (según Apocalipsis 20) es un período corto (en comparación con la eternidad) del reinado del Mesías sobre la tierra que no ha sido "liberada" todavía. Se establece una "teocracia" (ver nota 4). Pasajes como Isaías 2.2-5 hablan de una situación semejante a esta escena.

5/ ¿Cuál habrá sido el propósito de Dios de establecer este período de paz y justicia sobre la tierra antes del juicio final?

El tema de las resurrecciones es complicado por tres razones.

Primero, no hay ninguna indicación en los otros libros del Nuevo Testamento de que haya dos resurrecciones. Es decir, hablan mucho sobre el tema, pero siempre hablan de *la* resurrección. Este es el único pasaje que afirma que son dos.

Segundo, no hay las señales en este pasaje que, según los otros libros, acompañan la resurrección (como 1 Tesalonicenses4.16). Es decir, los otros libros indican que la resurrección será un evento glorioso, anunciado con trompetas, acompañado por el regreso del Señor en gloria (ver también Marcos 13.26, 27 y 1 Corintios 15.51, 52)

Tercero, Juan no dice nada acerca de los creyentes que viven durante el Milenio. Es decir, suponemos que habrá creyentes en la tierra durante el milenio, pero según este pasaje también habrá creyentes resucitados.

La solución menos complicada (según mi parecer) es que hay dos resurrecciones, una al comienzo del Milenio y otra al final. El primero es para un grupo limitado, los que van a juzgar, gobernar durante el Milenio; El segundo es para toda la humanidad (Ver nota 5).

Al terminar el Milenio sueltan a Satanás. Sale para juntar a todos los que no aceptan el reinado del Mesías (ver nota 3). Se juntan para la última batalla (ver nota 6).

6/ En cuanto a la batalla,

a/ ¿Qué motivó a las multitudes a enfrentarse con el Mesías?

b/ ¿Dónde ocurre el encuentro? (Ver Salmo 78.68; 87.2)

c/ ¿Quiénes pelean?

El fin de Satanás es el mismo que el de sus dos agentes principales (19.20) (ver nota 7).

Llega el momento del juicio final. Es la primera vez que Juan habla de un trono "blanco", y ha de ser el trono del juez (ver nota 8).

7/ ¿Que sugieren los siguientes pasajes en cuanto al juicio? Mateo 25.31-46; Juan 5.22; 2 Corintios 5.10; 2 Timoteo 4.1.

Aparece toda la humanidad (ver nota 9) y se abren los libros, incluyendo el "libro de la vida" (lo vimos en 3.5). Pero antes del juicio dice Juan que la tierra dejó de ser.

8/ ¿Qué dicen los siguientes pasajes al respecto?

a/ Romanos 8.19-22

b/ Isaías 11.6-9; Isaías 51.6; Isaías 65.17

c/ 2 Pedro 3.7, 10, 13; Apocalipsis 21.1

Entre los libros que se abren se incluye el Libro de la Vida. Ya que es el libro donde están incluídos todos los hijos de Dios, su presencia implica que hay creyentes entre la multitud (ver nota 10).

El juicio se hace en base a las obras, que es un tema fundamental de las Escrituras.

9/ ¿Que nos dicen los siguientes pasajes?

a/ Colosenses 3.25; 1 Pedro 1.17; Apocalipsis 2.23

b/ ¿Por qué no hay una contradicción entre "salvación por fe" y "juicio por obras"?

Termina la muerte (1 Corintios 15.26). Termina el Hades (el lugar de los muertos). Los que no están en el libro de la vida terminan como el diablo y sus agentes.

Termina el viejo orden del mundo.

Notas

1 - "*Llave*". Obviamente no se puede sujetar a un ser espiritual con una cadena, ni hay una puerta literal para el abismo. Son figuras simbólicas.

2 - "*Mil años*". Aunque esta figura puede ser literal, 1000 se usa en forma figurada varias veces en el libro, y puede referirse a un tiempo largo, indefinido.

3 - "*Naciones*". La matanza de 19.21 no era total. Es decir, habla de las huestes que se levantaron para entrar en batalla, pero seguramente no incluye los ancianos, enfermos, mujeres , niños, etc. Es decir, al entrar en el Milenio hay una población importante de no creyentes sobre la tierra. Después de mil años de paz y prosperidad su cantidad sería impresionante.

4 - "*Teocracia*". Tal como "democracia" significa gobierno de parte del pueblo ("demo"), "teocracia" significa el gobierno de parte de Dios ("theos").

5 - "*Primera resurrección*". Y hay más complicaciones. Si aceptamos Apocalipsis 20 tal como está escrito, la primera resurrección es parcial, es decir, es solamente de los mártires y los que pasan por la tribulación fieles a Jesucristo (v. 4). Si es así, entonces la segunda resurrección (v. 12) involucra a todos los demás, creyentes y no creyentes.

De cualquier forma, es difícil pensar cómo sería el mundo durante el Milenio si parte de sus habitantes tienen cuerpos glorificados y parte no. Aun en el caso de que la primera resurección sea solamente de los que han de gobernar durante el Milenio.

Simplemente no tenemos suficiente información para tomar una posición definida sobre el tema. Sobre esto, los comentaristas están bien divididos.

6 - "*Gog y Magog*". Es una alusión a Ezequiel 38 y 39. Gog era un rey, Magog su pueblo. En aquel tiempo representa los confines del mundo conocido. Aquí (en Apocalipsis) representan a todo el mundo.

7 - "*Lago de fuego*". Seguramente no es un lugar literal, sino símbolo de destrucción y tormento. Satanás es un ser espiritual y un lago de fuego literal no le haría daño. La bestia tampoco es un animal literal, sino que representa a fuerzas satánicas en el mundo secular.

8 - "*Tronos*". Aunque los comentaristas indican que normalmente es Dios el Padre que vemos sobre el trono, el trono también es del Cordero. Ver 3.21 y 22.3. Note también Mateo 25.31.

9 - "*Muertos*". El v. 13 implica que *todos* los muertos estarán incluídos.

10 - "*Juicio*". Por lo menos han de estar presentes los creyentes que viven durante el Milenio. Aunque también es probable que sea el juicio de *todos*, incluyendo el nuestro.

23

Apocalipsis
Capítulo 21

Las fuerzas de maldad han sido eliminadas. La humanidad ha sido juzgada. Queda ahora en los capítulos 21 y 22 la escena final, la culminación, la escena eterna. Después de esto, no hay nada que decir.

1/ La idea de una tierra nueva fue anunciada antes por los profetas. Haga un resumen de lo que dijo Isaías en los siguientes pasajes: Isaías 13.11-13; 34.4; 65.17; 66.22.

El pueblo de Dios resucitado con sus "cuerpos celestiales" (1 Corintios 15.44) se establece en la nueva tierra. "Las primeras cosas pasaron" (v. 4, RV). "Lo que antes existía ha dejado de existir" (BE).

Y lo único que vemos en esa tierra nueva es la ciudad santa, la nueva Jerusalén.

Llega el momento del encuentro definitivo de Dios con su pueblo (anunciado en 19.9). (Ver nota 1)

2/ ¿Que aprendemos de esa ciudad de los siguientes pasajes? Hebreos 11.10; 12.22; 13.14 y Filipenses 3.20.

Lo que Juan no aclara es si la ciudad *es* la iglesia (v. 9 y 1 Pedro 2.5) o el lugar que la iglesia ocupa (v. 3). De cualquier manera, es el "templo" donde reside Dios.

3/ Describa la relación que Dios tendrá con su pueblo (vv. 3, 4).

En el v. 5 Dios mismo habla (solamente la segunda vez, ver 1.8). Después de anunciar la nueva creación, dice que "ya esta hecho" (BE). Nos hace recordar tres momentos claves cuando escuchamos la misma expresión.

4/ ¿Qué "está hecho" en estas tres ocasiones?
    a/ Juan 19.30

    b/ Apocalipsis 16.17

    c/ Apocalipsis 21.6

El Señor tambien dice que son los *vencedores* quienes gozarán de la presencia de Dios.

5/ ¿Que había prometido a los vencedores anteriormente en las siete cartas?
    a/ Éfeso

    b/ Esmirna

c/ Pérgamo

d/ Tiatira

e/ Sardis

f/ Filadelfia

g/ Laodicea

Los que quedan afuera son los no vencedores, los que cedieron frente a la persecución, los incrédulos que negaron su fe, los "odiosos" (abominables) que participaban en el culto al Emperador, etc. A ellos les toca la segunda muerte.

Compare 17.1 con 21.9. Se ha dicho que Apocalipsis merece el título "Historia de dos ciudades". Ambas invitan a la gente; ambas son "gloriosas" a su manera; pero las dos tienen destinos muy diferentes (ver nota 2).

6/ ¿Cuáles son las cosas que *no* hacen falta en la ciudad?

Juan no nos describe nada acerca de la nueva tierra, aunque aparentemente habrá "santos" en la tierra y en la ciudad (v. 24).

7/ ¿Cómo nos ayudan Apocalipsis 5.9 y 7.9 a comprender el v. 24?

La ciudad es en parte un lugar (Juan 14.2), pero también en parte un pueblo (Apocalipsis 21.9). Pero mas que cualquiera de las dos es el santuario del Dios vivo. Y por esta razón ya han sido excluídos los que no se han sometido a él (v. 27).

8/ Si Juan escribe para iglesias que enfrentan persecución, ¿cuál sería su mensaje para ellas en este capítulo?

Notas

1 - "*Pueblo*". El hecho de que están escritos los nombres de las 12 tribus (v. 12) y de los 12 apóstoles (v. 14) afirma que está incluído todo el pueblo de Dios, es decir, también estarán los "primeros hijos" de Dios, los judíos (Hebreos 12.23).

2 - "*Ciudad*". La descripción de Juan corresponde a una ciudad de su época. Así, habla de un muro y de puertas, aun cuando no hacen falta ninguno de los dos (v. 25).

24

Apocalipsis
capítulo 22

Escuchamos varias voces en el capítulo 22, pero la predominante es la del Señor mismo que confirma la profecía y anima a su pueblo con su pronto venida.

Los primeros versículos son una continuación de la escena que vimos en el capítulo 21. Juan agrega algunos detalles, y amplía otros.

Por ejemplo, habla de un río y de árboles. Son realidades/figuras que aparecen en muchos pasajes bíblicos.

1/ ¿Que agregan los siguientes pasajes a lo que dice Juan?
a/ **Río**. Salmo 46.4; Isaías 55.1; Jer 2.13; Apocalipsis 21.6

b/ **Árbol**. Génesis 2.9, 3.22, 24; Ezequiel 47.12

c/ **Maldición**. Génesis 3.17

Lo más llamativo de todo es que Dios mismo estará en medio de la ciudad. Es cierto que acompañó a los Israelitas en su peregrinación (Num 2.2), pero solamente Moisés y Aarón podían entrar en su presencia. Y es cierto que Jesús estuvo entre nosotros, pero nadie durante esos tres años vio su verdadera gloria.

2/ Juan agrega un detalle en estos versículos (1-5) que no vimos en el capítulo 21.

a/ ¿Cuál es?

b/ ¿Por qué es realmente insólito?

Tal como los seguidores de la bestia llevan su nombre en la frente (13.16), el pueblo santo tendrá el nombre de Dios en su frente. Son de él, sellados para siempre.

Con el v. 5 termina la revelación como tal. Los últimos versículos del capítulo son la conclusión de Juan. En ellos escuchamos la voz de un ángel, de Juan y del mismo Señor Jesucristo. Y de nuevo Juan, abrumado por todo lo que había visto, intenta adorar al ángel. Recibe su admonición justa.

Pero también el ángel dijo que Juan no debía "sellar" la profecía (RV). La BE dice "no guardes en secreto el mensaje".

3/ Note el contraste entre esa expresión y pasajes como Daniel 8.26 y 12.4 y 9. ¿Qué diferencia hay entre los dos casos?

4/ Dos veces el pasaje habla de los "dichosos" o "bienaventurados". ¿Quiénes son?

5/ También hay una advertencia seria en el pasaje. ¿Cuál es?

El Señor se llama a sí mismo "el alfa y la omega" (v. 13).

6/ ¿Dónde encontramos esta expresión en Apocalipsis, y quién la dijo?

7/ El Señor utiliza otras dos expresions para describirse a sí mismo. ¿Qué implican cada una?

a/ Raíz (retoño) de David. Ver Isaías 11.1, 10

b/ Estrella. Ver 2 Pedro 1.19

Dos veces en el pasaje el Señor hace una advertencia a los que escuchan el mensaje pero no se han sometido a él (vv. 11 y 15, ver nota 1). Pero también los invita.

Si vemos todo el v. 17 como un conjunto, es una invitación de parte de la iglesia y del Espíritu a que se acerquen y acepten la oferta de Dios.

Dos veces el Señor afirma "vengo pronto" (ver nota 2), para asegurar a las iglesias que no han sido abandonadas en su aflicción.

El pasaje termina con el clamor de la iglesia durante toda su historia, "ven Señor Jesús". La misma expresión se encuentra en 1 Corintios 16.22, donde Pablo usa una palabra aramea "maranatha", palabra amada por la iglesia durante toda su vida.

Sí, ven Señor Jesús.

Amén

Notas

1 - "El malo". Llegará el momento en que será tarde para cambiar de suerte. El Señor hace una invitación (v. 17) pero como ya vimos varias veces en el libro, la gente rehusa ver las circunstancias y siguen rechazando a Dios.

2 - "Vengo pronto". Los creyentes de todas las edades han vivido con la expectativa del regreso del Señor. Siempre ha sido una posibilidad real. Ver Mateo 24.42-44.

Cómo utilizar este cuaderno

Estos cuadernos son *guías de estudio*, es decir, su propósito es guiarle a usted para que haga su propio estudio del tema o libro de la Biblia que desarrolla este material.

El cuaderno propone un diálogo. En él introducimos el tema, sugerimos cómo proceder con la investigación, comentamos, pero también preguntamos. Los espacios después de las preguntas son para que usted anote su respuesta a ellas.

Esperamos que, por medio del diálogo, le ayudemos a forjar su propia comprensión del tema. No de segunda mano, como cuando se escucha un sermón, sino como fruto de su propia lectura y investigación.

¿Cómo hacer el estudio?

1 - Antes de comenzar, ore. Pida ayuda a Dios que le hable y le dé comprensión durante su estudio.

2 - Se deben leer los pasajes bíblicos más de una vez y preguntarse: ¿Qué dice el autor? Aunque muchos utilizan la versión Reina-Valera de la Biblia, conviene tener otra versión o versiones disponibles para comparar los pasajes entre las dos. La "Versión popular" y la "Nueva versión internacional" le pueden ayudar a ver el pasaje con más claridad.

3 - Siga con la lectura de la lección. Responda lo mejor que pueda a las preguntas.

4 - Evite la tendencia de "apurarse para terminar". Es mejor avanzar lentamente, pensando, preguntando, aclarando.

En grupo

El estudio personal es de mucho valor pero se multiplican los beneficios si lo acompaña con el estudio en grupo. Un grupo de hasta 8 personas es lo ideal. Pero, puede ser que por diferentes motivos el grupo esté formado por usted y una persona más, aun así, es mejor que estudiar solo.

En realidad, estos cuadernos han sido diseñados con ese motivo: estimular el estudio en células, en grupos pequeños.

La manera de hacerlo es fácil:

1 - **Usted hace en forma personal una de las lecciones del cuaderno**. Aun cuando pueda haber cosas que no entienda bien, haga el mayor esfuerzo posible para completar la lección.

2 - **Luego se reune con su grupo**. En el grupo comparten entre todos las respuestas de cada pregunta. Puede ser que no tengan las mismas respuestas, pero comparando entre todos las van aclarando y corrigiendo.

Es durante este compartir semanal de una hora y media, este diálogo entre todos, donde se encuentra la verdadera riqueza y que nos provée esta forma de estudio.

3 - **Evite salirse del tema**. El tiempo es oro, y lo más importante es enfocar todo el

esfuerzo del grupo en el tema de la lección. Luego, pueden dedicar tiempo para conocerse más y tener un rato social.

4 - **Participe**. Todos deben participar. La riqueza del trabajo en grupo es justamente eso.

5 - **Escuche**. Hay una tendencia de apurar nuestras propias opiniones sin permitir que el otro termine. Vamos a aprender de cada uno, aun de los que, según nuestra opinión, están equivocados.

6 - **No domine la discusión**. Puede ser que usted tenga todas las respuestas correctas, sin embargo es importante dar lugar a todos, y estimular a los tímidos a participar. No se trata de sobresalir, sino de compartir aprendiendo juntos.

Si en el grupo no hay una persona con experienca en coordinarlo, se puede encontrar ayuda para dirigir un grupo en:

1 - Nuestra página web, www.edicionescc.com. La sección "Capacitación" ofrece una explicación breve del método de estudio.

2 - En las últimas páginas de nuestro catálogo se ofrece también una orientación.

3 - El cuaderno titulado "Células y otros grupos pequeños" es un curso de capacitación para los que desean aprender cómo coordinar un grupo.

4 - Hay algunas guías que disponen de un cuaderno de sugerencias para el coordinador del grupo.

Finalmente diremos que las guias no contienen respuestas a las preguntas ya que el cuaderno es exactamente eso, una guia, una ayuda para estimular su propio pensamiento, no un comentario ni un sermón. Le marcamos el camino, pero usted lo tiene que seguir.

Que el Señor lo acompañe en esta tarea y si necesita ayuda, comuníquese con nosotros. Estamos para servirle.

www.ingramcontent.com/pod-product-compliance
Lightning Source LLC
Chambersburg PA
CBHW081214020426
42331CB00012B/3023